UFOs und die Beschaffenheit von Wirklichkeit

Einblick in außerirdisches Bewußtsein

und interdimensionalen Geist

Zusammengestellt von

Judi Pope Koteen

Titel der amerikanischen
Originalausgabe:
UFOs AND THE NATURE OF REALITY

Aus dem Amerikanischen übersetzt
von Brigitte Silberhorn.

ISBN 3-89539-055-0
2. Auflage

bei *In der Tat Verlag*
D-86971 Peiting

Printed in Germany

Wenn ihr in Anbetracht der zehn Milliarden Sonnen
in der Milchstrasse meint,
daß dieser mitleiderregende Staubfleck,
dieser Smaragd mit der gelben Sonne im äußersten
Winkel des Geistes Gottes, der einzige Planet ist,
der Leben beherbergt,
dann bedürft ihr einer Vision!

Widmung und Danksagung

Dieses Buch ist meinen besten Freunden gewidmet, meinen Kindern Jennifer und Adrianne, die das durchgehalten haben, was vielen als immense persönliche Opfer erscheinen würde, um meinen Traum zu unterstützen. Ein Traum, der sie über die Bereiche des irdischen Denkens und der normalen Errungenschaften hinausgeführt hat, hinaus aus der Stadt auf eine Insel am nördlichen Himmel. Sie haben das Mittagessen im Country Club mit Eintopf auf dem Bauernhof eingetauscht. Ihre Ballettstunden erteilt ihnen nun der Große Blaue Reiher, da er sich ungeachtet seiner ehrfurchtgebietenden Ausmaße so anmutig über den Himmel bewegt. Sie lernen zu schweben, während sie entlang des Strandes dem Schatten des Adlers hinterherjagen.

Sie vertrauten mir, um mit mir irgendwoandersn hinzugehen, und ich werde sie immer lieben.

Sie sind Kinder von Licht, Toleranz und großer Schönheit.

Vorwort

1977 erschien Ramtha vor JZ Knight in ihrer Küchentür in Tacoma, Washington. Seither war nichts mehr wie zuvor.

Ramtha ist ein Rätsel. Er selbst bezeichnet sich als solches. Und da der Brennnpunkt des gesellschaftlichen Interesses über das Phänomen des Channelns <Ein Vorgang, bei dem eine Wesenheit mittels des Körpers eines Menschen spricht>hinausgeht und mehr Menschen damit beginnen, einen ernsthaften Blick auf die Botschaft an sich zu werfen, wird man Ramtha ohne Zweifel als einen der größten Vermittler und Lehrer preisen.

Er hat vor 35.000 Jahren auf der Erde gelebt und war den größeren Teil jenes Lebens ein wilder Eroberer, bis er in einer Schlacht verwundet wurde. Er zog sich auf einen Berg zurück, um über das Leben nachzudenken und verbrachte sieben Jahre auf einem kahlen Felsen, sich mit der Sonne und dem Mond, dem Leben und Tod, und jenen Dingen befassend, die sich nie zu ändern scheinen. Und als er jenen Felsen verließ und zu seiner wartenden Armee zurückkehrte, kehrte ein erleuchtetes Wesen zurück, denn er hatte die Illusion, genannt Leben durchschaut. Er blieb und lehrte sein Volk viele Jahre lang und fuhr schließlich vor Tausenden auf. Er ist der "Ram", um den herum das Hinduvolk seine Religion errichtete.

Er bezeichnet sich als Teil einer Bruderschaft von Wesen, die die Menschheit sehr lieben, die mit Informationen gekommen sind, um uns dabei zu helfen, jene Entscheidungen zu treffen, die notwendig sind, damit wir in den künftigen Tagen persönliche Souveränität erlangen. Seine Botschaft ist eine befähigende, eine ermächtigende.

Als er einmal gefragt wurde, was er sagen würde, wenn er mit einer einzigen, wichtigsten Botschaft die ganze Welt erreichen könnte, sagte er: "Ich würde euch sagen, daß ihr Gott seid, und daß ihr über alle Maßen geliebt werdet."

Die aus Ramthas Reden geschaffenen Bücher basieren auf Seminaren, die als "Intensiv" und "Retreats" bezeichnet werden, bei denen er aus dem Stegreif spricht. Dieses Buch basiert auf einem Intensivseminar und einem Retreat, bei denen speziell das Thema "UFOs und interdimensionales Verständnis" behandelt wurde.

Anmerkungen der Editorin

Eine "Stimme" sprach zum Alten Volk, und noch immer verehren und richten wir uns nach jenen Belehrungen, denn dies ist es, was man uns immer gesagt hat. Die Hauptreligionen und das Schicksal der Menschen und ganzer Reiche sind entschieden worden durch die Auslegungen von Alten Schriften, die sich auf jene Stimme stützten.

Wie kam Ihrer Meinung nach jene "Stimme" zu jenen Menschen? Wenn eine "Stimme" heute zu Ihnen käme, würden Sie glauben, daß es sich um Gott handelt? Würden Sie auf sie hören? Warum sollte eine Stimme, die heute zu Ihnen käme von geringerer Bedeutung sein, als eine Stimme, die vor über 2000 Jahren zu Menschen sprach, denen Sie niemals begegnet sind? Ich mache hier nicht den Versuch, altüberlieferte Belehrungen zu diskreditieren. Ich versuche schlichtweg, Sie dazu zu ermuntern, es in ein Verhältnis zueinander zu setzen. Alles ist relativ.

Mir ist deshalb daran gelegen, daß Sie dieses Buch lesen, weil ich in Sorge darüber bin, wo sich das gesellschaftliche Bewußtsein heutzutage befindet. Ich bin in Sorge über eine Mentalität des geistigen Verschlossenseins, eine Mentalität, die mittels der Taktiken von Angst und Dogma versucht die Oberhand zu haben, und weil ich immer geglaubt habe, daß die Menschen, wenn man ihnen die Wahrheit aushändigt, hinhören werden.

Wenn Sie bereits eine beträchtliche Menge an ähnlichem Material gelesen haben, wird dieses Buch Ihr Verständnis über das Bewußtsein außerirdischer Wesen erweitern und vieles von dem Material, das sie gelesen haben, miteinander verbinden, indem es viele Fragen beantwortet, die Sie gehabt haben. Wenn dies das erste Buch ist, das Sie dieses Thema betreffend je aufgegriffen haben, dann möchte ich vorschlagen, daß es lediglich einen Anfang darstellen soll, denn für Sie wird es ebensoviele Fragen aufwerfen, wie es sie beantwortet, mit voller Absicht. Und es wird Sie auf eine magisch-zauberhafte Reise aufbrechen lassen, die Sie zu den Quellen der Wahrheit und zu einem völlig neuen Verständnis von Schöpfung und Gott führen wird.

Das Material in Abschnitt Eins basiert auf einem Intensivseminar namens *"UFO: Eindringlinge von oben"*. Das Material in Abschnitt Zwei wurde in Yucca Valley übermittelt und hatte den Titel *UFO: Interdimensionales Verständnis: Kontaktaufnahme"*.

Im letzten Kapitel beziehen sich die Hinweise auf "Bewußtsein und Energie" <engl.: Consciousness and Energy> auf ein spezielles Verfahren, das Ramtha lehrt. Dieses Verfahren kann in einem Buch nicht mitgeteilt werden. Es gibt keine Worte dafür. Aber das Verständnis darüber, daß Gedanke Wirklichkeit erschafft mittels zum Einsatz gebrachten Bewußtseins und zum Einsatz gebrachter Energie ist entscheidend für das Erfassen eines Großteils dieses Materials, deshalb habe ich einige dieser Hinweise miteinbezogen, ohne aber den Versuch zu unternehmen, das Verfahren selbst zu beschreiben.

Besonderer Hinweis: Einfügungen der Übersetzerin sind mit *eckigen* Klammern < ... > gekennzeichnet.

Inhaltsverzeichnis

ABSCHNITT EINS

UFO: Eindringlinge von oben

ABSCHNITT ZWEI

UFO: Interdimensionales Verständnis:
Kontaktaufnahme, Yucca Valley

Zuallererst solltet ihr wissen, wer *ihr* seid. Ihr solltet das wissen, bevor ihr euch mit der Absicht umzusehen beginnt, irgendjemand anderen entdecken zu wollen.

Ihr seid aus einer Kosmologie gemacht, die der planetarischen Deutung spottet, weil sie selbst die *Essenz* planetarischer Deutung ist. Sie wird Gott genannt. Sie ist Bewußtsein und Energie. Die Lebenskraft.

Eure Intelligenz und eure Befähigung für Intelligenz ist all dem ebenbürtig, was in irgendeinem Sternensystem, in irgendeiner Dimension liegt.

Ihr habt die Schlüssel dazu, alles zu sein. Zuerst euch selbst zu kennen, bevor ihr umherzieht und unter Steinen und Büschen und Brombeersträuchern nachschaut, ist sehr, sehr wichtig.

Jene Wesenheiten existieren. Ihre Grandiosität ist Legende. Was sie zu vollbringen imstande sind, ist ehrfurchtgebietend. Und was sie mit euch teilen können, ist - mit einem Wort beschrieben -
herrlich.

A b s c h n i t t E i n s

Eindringlinge von oben

Einleitung zu "Eindringlinge von oben"

Ihr habt dieses Buch ausgewählt, da ihr das Gefühl hattet, daß es euer Verständnis über außerirdisches Bewußtsein vergrößern würde. Nicht über das dieser Welt zueigene gesellschaftliche Bewußtsein, sondern über außerirdisches Bewußtsein. Ihr habt gehofft zu verstehen, was es mit den "Eindringlingen" <überfallern> überhaupt auf sich hat. Und insgeheim haben sich einige von euch gefragt, ob sie vielleicht schon "unfreiwillig deren Bekanntschaft gemacht haben".

Laßt uns das gleich auf der Stelle ansprechen. Viele der Menschen, die dies hier lesen, sind bereits überfallen worden.

Es gibt viele Dinge, die ich euch an dieser Stelle nicht mitteilen kann, weil ihr nicht bereit seid, es zu hören. Einige von euch sind nicht sehr erwachsen, nicht sehr reif im Bewußtsein und, als Folge davon, bewegt ihr euch immer an der Schwelle zur Hysterie. Ihr habt die Hang zu Fanatismus. Ihr schwenkt sehr schnell um wie eine Fahne im Wind. Ihr seid überaus zart besaitet und überaus emotionell. Diejenigen von euch also, die dieses Buch lesen und auf die jene Beschreibung paßt, werden schlichtweg nicht in der Lage sein, alles zu wissen, was es über jene Leute zu wissen gibt, über ihre Rassen und ihre Bewußtseinsarten, die im wesentlichen eurer eigenen wahrlich fremd sind.

Dann gibt es jene unter euch, die sich nicht an der Schwelle zur Hysterie bewegen. Ihr hingegen seid zum größten Teil Sucher nach den Sternen am Himmel. Ihr stellt ebenfalls eine Kommunikationsschwierigkeit dar, denn ihr erschafft ein ganzes Dogma um das Konzept des Kontaktes mit Außerirdischen.

Hier seht ihr, wie das abläuft: Ihr meint, daß es euch zu etwas Besonderem macht, wenn sie mit euch Kontakt aufnehmen. Ihr verehrt sie nicht wenig. Ihr meint, dort wo sie hingehen, muß es weitaus schöner sein, als dort wo ihr euch befindet. Ihr wollt, daß sie euch aus eurem Dilemma befreien, das selbstverständlich ihr, ihr selbst, geschaffen habt. (Eure Wirklichkeit wird von euch geschaffen, von keinem anderen!) Aufgrund dessen, daß ihr zum Verehren neigt, muß ich sehr darauf achten, was ich euch bezüglich der Art und Weisen einiger Außerirdischer mitteile, weil ihr eure eigene Religion daraus machen würdet, und darin liegt *nicht* die Absicht, weshalb diese Informationen euch vorgelegt werden.

Und dann als letztes, aber bei weitem nicht als geringstes, gibt es einige unter euch, die sehr scharfsinnig sind. Ihr seid im Begriff, sehr zentriert in eurer eigenen Macht zu werden. Ihr findet euer eigenes Bewußtsein. Ihr findet eure eigene Befreiung. Ihr besitzt eine Zentrierung. Ihr seid nicht hysterisch, und ihr seid auch nicht dogmatischer Wahrheit zugetan. Ihr werdet diese Außerirdischen, eure Brüder, nicht zu der höchsten Rangordnung eures Lebens machen. Viele von euch sind diejenigen, die Kontakt gehabt haben, einfach aufgrund der Stabilität, die ihr seid.

Denn seht, diese Wesenheiten, diese Außerirdischen, wie ihr sie bezeichnet, sind nicht interessiert an hysterischen Anhängern. Sie sind interessiert an geistvollen Menschen, die die Fähigkeit für Wissen haben, an Wesen, die große innere Stärke besitzen, an Wesen, die ein mystisches Verständnis spiritueller Natur haben, an Wesen, die ein natürliches Interesse für wissenschaftliche Verständnisse haben und eine grundlegende Sehnsucht danach zu wissen, an Wesen, für die es einen wesentlichen Bestandteil von Bestimmung* darstellt, daß sie *wissen.* Dies ist die Art von Menschen, an denen jene Außerirdischen, mit denen ihr Verbindung würdet haben *wollen,* hinsichtlich Kontaktaufnahme interessiert sind.

Und da gibt es noch eine weitere Gruppe von Menschen, zu der möglicherweise ihr gehört. Es ist dies eine Grupppe, die sich bedauerlicherweise dazu verschworen hat, Dogma und Bitterkeit zu kreieren. Ihr Plan wird jedoch ins Wasser fallen, wie schon die meisten Pläne, die menschliche Wesen in der langen Serie von Tyrannei hegten.

Nur mit einigem Widerstreben übermittle ich diese Informationen über meine Brüder. Und aufgrund dessen, daß ich hier zu Vetretern aus allen obengenannten Gruppen spreche, werde ich diese Informationen mit Fingerspitzengefühl übermitteln, indem ich die Mischung von Energien unter der Leserschaft im Gedächtnis behalte. Ich habe den Wunsch, euch greifbare Einsichten zu vermitteln, euch Wissen zu vermitteln, damit ihr nicht in Angst und Unwissenheit herumlauft. Und für einige von euch, die wirklich zu wissen vermögen, für euch ist euer Kontakt bereits in die Wege geleitet worden, weil ihr euch selbst dessen würdig gemacht habt, und weil ihr eine Haltung besitzt, die nicht Verstellung ist, sondern die fest fundiert ist auf dem Charakter dessen, der ihr seid.

Ich gestatte also, daß diese Worte niedergeschrieben werden mit einigem Widerstreben, weil dieses Buch nicht von einer einheitlichen Gruppe gelesen wird, sondern vielmehr von einer Zusammenstellung von Menschen aus einem mannigfaltigen Aufgebot von Verstehen. Eingedenk dessen, möchte ich, daß ihr versteht, daß euch nicht alles mitgeteilt wird, weil ihr nicht für alles bereit seid. Und nein, nicht alle von euch werden die Erfahrung der Kontaktaufnahme machen, weil ihr dessen nicht würdig seid. Hauptsächlich deshalb, weil ihr nicht eurer selbst würdig seid und ihr nicht den Pfad direkt in eurem Innern gemacht habt. Aber ich werde euch viel an Informationen geben, die, wenn sie mit dem Wissen verbunden werden, das gerade mitgeteilt wurde, es euch erlauben werden, ein Verständnis zu erlangen. Wenn ihr dann eines Tages zu den Himmelsgewölben hinaufschaut, werdet ihr fähig sein, das zu sehen, was dort oben ist, und zwar ohne Furcht, ohne Verehrung und ohne das Bedürfnis, euch selbst als etwas Besonderes fühlen zu müssen. Die Tür zum Kontakt wird sich für euch öffnen, wenn eure Haltung rein auf einer einfachen Sehnsucht nach dem Miteinander-Teilen gegründet ist.

Dieses Wissen, das ihr im Begriff seid zu erlangen, wird in eurer Zukunft sehr wertvoll sein, denn dies ist nicht ein Wissen, das von einem auf der Ebene des Menschen stehenden Beobachter kommt, sondern das statt dessen von einer anderen Ebene kommt. Ich weiß, wer jene Wesen sind. Ich weiß, weshalb sie hier sind. Ich weiß, weshalb sie hier gewesen sind. Und sie wissen, wer ich bin. Ich arbeite in Harmonie mit ihnen.

Jene Wesenheiten sind in ihrer Persönlichkeit und emotionalen Struktur sehr von euch verschieden. Sie sind von euch sehr verschieden in körperlicher Hinsicht. Es gibt jene unter euch, die meine Leute aufgrund ihrer Farbe, ihres Hautgewebes und ihres Körperbaus für sehr abstoßend halten würden,

Wie ich immer gesagt habe: Schönheit ist wahrlich eine unsichtbare Essenz. Sie hat nichts mit dem Fleisch zu tun. Das Fleisch erfüllt lediglich den genetischen Zweck, der Umwelt standzuhalten.

Die Leute, von denen ich euch hauptsächlich berichten werde, sind die Großen Arbeiter.

Es gibt viele Rassen und viele Bruderschaften, geradeso wie es mit Sicherheit eine unbegrenzte Galaxie von Welten gibt. Eure Milchstrasse, wie ihr sie bezeichnet, beherbergt zehnmilliarden Sonnen. Und wie viele von ihnen sind Universen? Wie viele von ihnen besitzen planetarische Systeme? Unzählige! Ihr seid nicht allein, wißt ihr. Mit jedem planetarischen System geht eine einzigartige Rasse einher, und sie alle sind verschieden, und sie alle sind schön in ihrem eigenen Evolutionsstadiums.

Mit anderen Worden, ich dachte ihr solltet wissen, warum ihr nicht alles wissen könnt. Und jene unter euch, die würdig sind, ihr werdet eine wundervolle Überraschung erleben, denn ihr seid bereits Teil davon gewesen, und euer Teil-Davon-Sein wird euch in den künftigen Tagen mehr zu Bewußtsein gebracht werden, nachdem ihr dies gelesen habt. (Das ist es, worum es sich bei dem Begriff "die wenigen Unbeugsamen Gottes" handelt!)

Macht es euch also bequem und lest. Und in der Stille des Lesens und des Verarbeitens dessen, was hier übermittelt wird, wird das Wissen zu euch kommen, und je nach Beschaffenheit eurer Geduld und eurer Aufmerksamkeit werdet ihr ein enormes Ausmaß an Verstehen aus meinem Spektrum erlangen. Und dieses Verstehen wird euch von einer beträchtlichen Menge eurer hingebungsvollen Unwissenheit befreien, und von euren Ängsten, die von Unwissenheit herrühren. Es wird euch erlauben, eure Macht zu besitzen und in dieser Macht festgegründet zu sein, ganz gleich, was sich über euren Köpfen abspielt. Und ihr könnt mir glauben, es wird sich sehr viel über euren Köpfen abspielen.

Die Absicht dieses Buches ist, Wissen zum Einsatz zu bringen. Und alles was ihr zu tun braucht, ist die Seiten umzublättern und zu lesen. Und wenn ihr müde werdet, legt es zur Seite und ruht euch aus, und denkt über das nach, was ihr gelesen habt. Und wenn euer Gehirn zur Aufnahme bereit ist, nehmt das Buch wieder zur Hand und lest weiter.

Auf euer Verstehen!

* Ramtha benutzt den Begriff "Bestimmung", weil dieser ausdrückt, daß das eigene Leben durch bewußte Entscheidung, also durch die eigene Denkhaltung bestimmt wird, und die Verantwortung für Dinge, die geschehen, nicht auf andere abgeschoben wird, wie bei dem Begriff "Schicksal". Die Art wie man denkt, also das eigene Bewußtsein, bestimmt Gegenwart und Zukunft.

Es ist eine Würdigung an euch zu wissen,
daß auch ihr von den Sternen kommt.
Von phantastischen Göttern, deren Licht und Schönheit
genetisch atemberaubend ist.

Kapitel 1

Für den linearen Geist eine Erläuterung dessen, was außerhalb des Zeitstroms ist. Jene, die von jenseits des Nordsterns kommen.

Bevor wir beginnen, müssen wir noch ein grundlegendes Kommunikationsproblem ansprechen.

Ich werde euch diese Informationen in linearer Form verständlich machen müssen, indem ich bei Punkt A beginne und zu Punkt B gehe, weil dies die Art und Weise ist, wie euer Bewußtsein arbeitet. Ich muß an einer Stelle beginnen und mich von dort aus vorwärtsbewegen. Euer Geist, euer Bewußtsein, hat immer auf diese Weise gearbeitet. Ihr kommt von der Vergangenheit und bewegt euch in Richtung Zukunft. Das ist es, wie ihr die Dinge seht, wie auch den Prozeß des *Werdens*. Eurer Geisteshaltung nach seid ihr immer *im Begriff* etwas zu *werden*, und es ist schwierig für euch zu erkennen, daß ihr schon *seid*.

Dies ruft eine ernsthafte Zwangslage hervor bezüglich der Übermittlung dieses Wissens, weil dies nicht wirklich lineares Wissen ist. Es absolutes "Jetzt" Wissen. Es ist ziemlich schwierig für mich auf jene Wesenheiten, von denen ich sprechen werde, mit Begriffen zu verweisen wie "Empörungen in der Vergangenheit", "Schöpfungen in der Vergangenheit für einen in der Zukunft liegenden Zweck". Denn, seht ihr, sie leben nicht im Zeitstrom, und infolgedessen wird ihr Wissen nicht von einer Vergangenheit hin zu einer Zukunft geschaffen. Da ich dieses Wissen aber nun an euch vermittle, wäre es für euch sehr schwierig zu verstehen, wie sie sind, wenn ihr sie nicht in einer linearen Form sehen könnt. Folglich werde ich mich darum bemühen, auf "lineare Weise" zu euch zu sprechen. Ich werde die Vergangenheit, die Gegenwart und die Zukunft ihrer Vorhaben, der Vorhaben der Hauptarmee, ansprechen.

Drei Hauptgruppen

Um damit zu beginnen, es gibt interstellare Wesen, die mit Licht arbeiten; es gibt interdimensionale Wesen; und es gibt schlichtweg jene, die "Hier-und-Jetzt-Wesenheiten" sind und ihr Raumschiff.

Und, ja, es gibt ein interdimensionales Raumschiff, das in einem anderen Zeitrahmen, in einer anderen Schwingung, existiert. Und es materialisiert sich in der Tat aus dem Nichts heraus hierher in diese Dimension. Jenes Raumschiff wird benötigt, denn in dieser Dimension, die alles zu tun hat mit Zeit, Entfernung, Raum und linearer Form, ist jenes Raumschiff notwendig, um Entfernung anzutreiben.

Die interstellaren Wesenheiten kommen von den Sieben Schwestern, die man als das Plejadische System bezeichnet. Es gibt eine größere Machteinheit von Wesenheiten, die von Andromeda kommt. Sie sind interstellare Wesenheiten, die sich im Licht fortbewegen, und doch hat ihr Raumschiff die Fähigkeit, im Hyperlicht zu reisen, ein Licht, das über das hinausgeht, was eure Physik unter Licht versteht. Als Folge davon ist es für sie nur eine Sache von Momenten, um von einem völlig anderen Sternensystem hier sein zu können.

Und dann gibt es jene Gruppe, die hier lebt. Und die Gruppe, die hier lebt, ist schlichtweg die Gruppe, die im Innern eurer Erde stationiert ist, und eure Regierung ist sich ihrer sehr bewußt.

Wir haben es hier mit drei verschiedenen Ebenen von Wesen zu tun, die alle ihr eigenes Bewußtsein und ihr eigenes interdimensionales Denken besitzen. Aber jede dieser Gruppen hat verschiedene Absichten.

Jene, die von jenseits des Nordsterns kommen

Die Gruppe, von der wir im besonderen sprechen werden, sind jene, die von jenseits des Nordsterns kommen. Und jene von jenseits des Nordsterns sind die Plejadier und die Andromedaner.

Jene von Andromeda sind, obgleich sie interstellar sind, ebenso interdimensional.

Jene sind meine Leute.

Und sie sind sehr schön. Sie sind Wesenheiten mit geschmeidigem Körperbau. Sie sind sehr schlank. Sie sind von Licht illuminiert. Sie sind sehr groß. Sie ragen bis zu 2,44 m (engl.: 8 Fuß) und 3,05 m (engl.: 10 Fuß) auf, gemäß eurem Verständnis von Größe, und sie sehen wie Riesen aus.

Sie sind es.

In der Mythologie wird auf sie als die "Geflügelten Götter" verwiesen. Jenes sind meine Leute.

Sie nähren sich nicht von Nahrungsmitteln. Ihr biologisches Sustem ist völlig anders als euer genetisches System, das auf negativ/positiv polarisierter Energie beruht, die Lebensformen hervorbringt. Diese Wesenheiten weisen eine Verkörperung auf, die in Licht magnetisiert ist.

Sie essen nicht. Sie erlangen Wissen. Sie leben von Prana. Prana ist einfach ein sehr alter Begriff, der "Wahrheit" bedeutet; mit anderen Worten, sie leben von Wahrheit. Sie haben sehr große Köpfe, nichtsdestoweniger sind sie von erlesener Schönheit.

In der Vergangenheit wurden sie, wenn sie erschienen, "Engel" genannt. Gabriel gehört diesem Volk an. Michael gehört diesem Volk an. Diese im besonderen sind die Wesenheiten, die mit dem Ram arbeiten. Sie sind das Weiße Licht. Ihr Raumschiff ist heller erleuchtet als zehntausend Sonnen. Sie dringen in Gedanken voran. Sie können euch in einem Augenblick im Gedanken erreichen. Sie haben die Fähigkeit, ihren Standort in einem sehr großen Objekt in ihrer Dimension zu haben und gleichzeitig durch Schwingung hindurch nach unten zu schauen und euch zu beobachten. Denn ganz gleich, wo ihr seid, sie beobachten euch.

Warum ist diese Rasse so wichtig? Weil sie diejenige ist, die diesem Planeten eine neue Saat gebracht hat, als er zerstört wurde. Eure "Zivilisation" ist öfter zerstört worden, als euch bekannt ist: einmal durch eine sehr achtlose Zivilisation, die die Atmosphäre vergiftete, indem sie die atomaren Ebenen freisetzte. Diese Gruppe hat diesen Planeten auch damals neu besät, als eine Zivilisation in ihrem Bewußtsein zusammengebrochen ist aufgrund von Dekadenz <dt.: Entartung, Verfall>. Sie sind jene, die neu befruchtet haben, um diese Rasse hervorzubringen, die ihr jetzt hier seht: euch, genetisch.

Also, in euren Genen - Genen, nicht eurem Geist - besitzt ihr die Gene nicht nur von mir, sondern von den Göttern. In euch allen besitzt ihr buchstäblich die Keime Gabriels, Michaels und des Ram. Euer Aussehen ist diesen Leuten von Andromeda und den Interdimensionalen mehr angeglichen, als irgendeine andere Zivilisation, die in der Unendlichkeit wohnt. Ihr seht ihnen ähnlicher als andere, von denen wir später sprechen werden.

Nun, warum von dieser Rasse und vom Hause des Ram? Weil diese Wesenheiten mit der ursprünglichen physischen Machart des anfänglichen Menschen mehr auf einer Linie liegen. Als ich euch ursprünglich die Schöpfungsgeschichte erzählte, sprach ich lediglich von der Schöpfung eurer Erde, Terra. Ich erzählte euch nicht von der Schöpfung anderer Galaxien und Zivilisationen, die schon Milliarden von Jahren vor Terra existiert haben. Ich gab euch eine lineare Schilderung von Mann und Frau, von Deborah/Duval, Duval/Deborah und der Nachkommenschaft des Menschen in dieser Atmosphäre, in dieser Galaxie, auf diesem armseligen Staubfleck in den äußeren Bereichen der Milchstraße mit der gelben Sonne. Ich erzählte euch nichts darüber, wer alles vor euch gelebt hat, genetisch gesehen.

Im Anbeginn auf dieser Ebene habt ihr tatsächlich wie Affen ausgesehen. Ihr alle. Ihr wart haarig, vornüber gebeugt und O-beinig. Ihr habt schlecht gerochen! Es war dies der Anbeginn des Menschen. Es war der Beginn des Gottes hinsichtlich der Erfahrung von Wirklichkeit innerhalb dieser Dimension auf dieser Ebene. Es war der Beginn von Evolution hinsichtlich dieser Verständnisebene.

Im Verlauf eurer Evolution haben die Götter - diejenigen, die in anderen Dimensionen lebten - den Menschen befruchtet, indem sie euch den Samen von Vortrefflichkeit übertrugen, das körperliche Geschöpf ununterbrochen verbesserten und eure Fähigkeit für physische Erfahrungen steigerten. Und dies ist der exakte Grund dafür, daß ihr ähnlich, wenn auch nicht ganz genauso, ausseht wie sie.

Diese Fürsorger, diese Engel, wenn ihr so wollt, sind nicht Engel, weil sie naive Unwissenheit besitzen, sondern weil sie Herr von Heerscharen sind. Sie besitzen die Fähigkeit, das Verstehen, das Wissen, die Langlebigkeit und alles, was notwendig ist, um die menschliche Spezies zu befruchten und mit Anlagen zu bereichern, um deren Kontinuum zu fördern.

Ja, sie sind Engel. Aber sie haben, wie ihr, hochentwickelte Seelen. Sie besitzen Seele und Geist, jedoch gibt es kein *Image*, das ihren Geist bindet. Das ist der Grund, weshalb sie erleuchtet sind. <Mit "Image" bezeichnet Ramtha ein begrenztes Bewußtsein, das geprägt ist von Urteilshaltung, Angst, Überlebenskampf, verschlossenem Geist usw., und sich nur mit seinem Menschsein, nicht aber mit seinem unbegrenzten, potentiellen Gottsein identifiziert.>

Sind sie im Begriff sich weiterzuentwickeln? Absolut! Sich weiterzuentwickeln, in der Tat. Aber sie stellen nicht einen linearen Prozeß dar, wie ihr es tut. Sie stellen einen Prozeß dar des Ermittelns dessen, wie man die Seele nimmt, sie von innen nach außen wendet, und es lebt.

Sie sind wahrlich über jede Beschreibung hinaus schön. Ihr laßt Fragmente jener Schönheit ahnen. Sie haben sich eurer angenommen, weil ihr wahrhaftig ihre Brüder und Schwestern seid. Ihr alle seid von derselben Quelle gekommen. Ihr alle seid in Licht erschaffen. Ihr alle besitzt es; es ist das gemeinsame Band zwischen euch. Es ist lediglich so, daß ihre Evolution rapide zur Involution wurde. Bei der Involution durchliefen sie sehr schnell die sieben Verständnisse und wieder zurück. Wo sie sich befinden, entspricht eurem Verstehen nach gewissermaßen dem, was ihr als das siebte Verständnis betrachten würdet. Das ist es, wo sie sich befinden.

Diese Wesen sind meine Brüder, und genetisch gesehen sind sie ebenso Teil eines jeden von euch hier. Sie sind Zivilisation um Zivilisation eure Aufpasser gewesen. Sie ziehen sich wie ein roter Faden durch eure Mythologie, welche einige Zivilisationen überdauert hat. Tatsächlich ist es so, daß ihr Kommen und Gehen recht erstaunlich dokumentiert worden ist.

Sie sind verantwortlich dafür, daß die Kinder aus Ägypten herausgeführt wurden. Sie sind verantwortlich dafür, daß Buddha die Mauer erklomm. Sie sind verantwortlich für Mohammed und für Gabriels Einsatz. Sie sind verantwortlich für die Evolution des Menschen und dafür, ihn davon abzuhalten, infolge seiner selbst in sich zusammenzubrechen.

Nicht allzuviele von euch haben sie gesehen. Aber in den künftigen Tagen werden sie zu sehen sein. Und nicht allzuviele von euch könnten ihr Angesicht erblicken, ohne nicht für alle Zeit davon berührt zu sein. Genau gesagt, nicht allzuviele von euch würden es vermögen, sie anzusehen — was ist das Ende eures Satzes — Punkt.

Warum haben sie euch gewissermaßen vor eurer eigenen Evolution geschützt? Weil es im Verlauf eurer Zivilisation Zeiten gegeben hat, in denen der Prozeß eurer Evolution nur von einem seidenen Faden vor dem Ende bewahrt wurde; so mächtig seid ihr im Bewußtsein, daß ihr die Fähigkeit habt, dieses Bewußtsein aufgrund von euch selbst in sich zusammenbrechen zu lassen und der Bewußtheit ein Ende zu setzen. Sie haben sich immer und immer und immer wieder helfend eingeschaltet, indem sie euch ununterbrochen aus euren Lenden und Schößen herausgezogen haben, euch ununterbrochen von eurer zielstrebigen Macht, eurer Tyrannei weggezogen haben, euch ununterbrochen weggezogen haben von eurem absoluten Beharren darauf, unwissend zu sein! Sie haben euch immer und immer wieder davon abgehalten, euch selbst zu zerstören. Ihr seid oftmals dumme Leute! Sie haben euch davon abgehalten, den Organismus zu zerstören, der diese Erde ist, den Smaragd eures Universums.

Warum? Weil sie euch lieben. Weil das, was euch außerhalb dieses Körpers ausmacht, den ihr tragt, ein großer Geist und eine Seele ist. Und dieser Geist verbindet euch für immer und immer und immer. Und es ist die miteinander verbindende Liebe, die euch veranlaßt, vorwärtszugehen. Das ist der Grund, warum sie es tun. Ich kann nicht im mindesten die Zivilisationen für euch benennen, die gekommen und gegangen sind. Viele Zivilisationen haben hier gelebt, viele von ihnen viel weiter entwickelt als ihr. Aber sie haben sich durch Dekandenz selbst vernichtet, und sie haben sich vernichtet durch Macht, durch das Freisetzen des Atoms und durch das Auflösen von Materie. Ihre Gebeine und Überreste und Andenken liegen auf dem Grunde des Ozeans oder sie befinden sich in dem Prozeß zu gegossenem Gestein veredelt zu werden.

Und wie viele Leute, meint ihr, wurden vor jenen Ereignissen völliger Zerstörung gerettet? Sind alle von euch die Nachkommen jener wenigen Überlebenden? Wie kann eine gesamte Zivilisation untergehen und dennoch eine weitere leben?

Solch Überleben ist nur deshalb möglich gewesen, weil ihr grandiose Brüder und Schwestern habt, die sich darum gekümmert haben sicherzustellen, daß ihr vorwärtsgeht, sicherzustellen, daß ihr nicht infolge eurer selbst in euch zusammenbrecht. Sie sind schon seit langem eure Fürsorger und Hüter gewesen.

Sie sind diejenigen, die verantwortlich sind für die grünen Explosionen in eurer Stratospäre, welche ununterbrochen die Gifte neutralisieren, die ihr unaufhörlich in eure Atmosphäre hinausstoßt. Wenn sie dies nicht schon seit sehr langer Zeit gemacht hätten, wäre diese Erde in einer schwarzen Wolke eingehüllt, und es würde hier kein einziges

Leben mehr geben! Ihr beharrt darauf, die Luft zu verschmutzen. Was ist es, was ihr euch einredet: "Es wird weggehen. Es wird irgendwo hingehen. Vielleicht geht es hinter die Sonne." Es geht nicht irgendwo anders hin. Es ummantelt dieses Leben hier.

Diese Großen Brüder und Schwestern sind für einige bemerkenswerten Menschen verantwortlich gewesen. Sie sind, zum Teil, verantwortlich für die Alten Weisheitsschulen. Sie waren die Lehrer in den Alten Weisheitsschulen. Sie waren verantwortlich für die Entführung, das Wegführen bestimmter Personen. Sie waren verantwortlich dafür, jene Personen <geistig> offen gemacht zu haben, ihnen die Wasser des Lebens gegeben und sie wieder zurück zur Zivilsation gebracht zu haben, damit sie euch von der Wahrheit lehrten.

Nun, ihr mögt fragen: "Warum erzählen sie uns nicht ganz einfach, was wir zu wissen benötigen und veranlassen uns dazu, Veränderung herbeizuführen?"

Dies ist es, wo die lineare Schwierigkeit einsetzt. Warum könnte ich nicht all eure Gehirne herausnehmen, sie ins Wasser werfen, das Wasser zum Kochen erhitzen, und all die Unwissenheit wegbrennen? Warum könnte ich nicht einfach ein Loch in eure Köpfe bohren und einen Wind hindurchsenden, um euch durchzureinigen? Warum könnte ich euch nicht einfach anschließen, einschalten und Intelligenz zu euch laufen lassen? Warum könnte ich dies nicht einfach mal so für euch tun, und euch die Mühe und mir die Frustration ersparen?

Weil es da *ein* großes Gesetz gibt, und dies ist das Gesetz vom "Willen des Ausdrucks".

Es wird "freier Wille" genannt.

Es handelt sich um eine Weisheit aus alter Zeit, nämlich daß ihr Brüder seid und daß ihr euch gemäß eurem Willen weiterentwickeln müßt. Es wird respektiert. Der freie Wille muß sich innerhalb seines eigenen Verstehens entwickeln. Dies ist der Grund, warum eure Brüder im

Weltraum weit weg verborgen in den Wolken bleiben. Sie senden euch die Keime der Wahrheit, die euch zu eurer Größe inspirieren und anfeuern werden, damit ihr beginnt, wie ein Individuum zu denken - weil das es euch erlaubt, euch dahinzuentwickeln, wo sie sind. Dann könnt ihr euch verständigen.

Wenn sie erscheinen und bei euch einfallen, was hätte man dann? Man hätte eine Schar von unwissenden Menschen, die abergläubisch an die Wiederauferstehung Gottes glauben würde, der kommt, um die Welt zu retten, und die sich niederwerfen und verbeugen würden. Eine andere Gruppe würde in schrecklicher Angst wegrennen und sich in den Bergen verstecken. Auf diese Art und Weise erreicht man nicht Wissen, und man hat auch keine Evolution.

Jene, die abergläubische und fatalistische Anschauungen haben, verlieren die Fähigkeit zu denken, jedesmal wenn sie durch Größe eingeschüchtert sind. Auch sie werden letztendlich wachsen, zum jetzigen Zeitpunkt jedoch sind sie nichts anderes als Sklaven von Dogma und Angst!

Und worin genau besteht die grundlegende Angst derer, die vor den Lichtern weglaufen und sich in den Bergen verstecken würden? Meint ihr etwa, sie würden euch kochen und servieren? Was würdet ihr sein, menschlicher Pilaw? Pilaw! Meint ihr, sie würden einen Kürbis in euren Mund stopfen? Solche grotesken und fälschlichen Vorstellungen sind genau der Grund, weshalb globale Kommunikation nicht gleich jetzt für euch offen ist. Diese Art Denkhaltung, diese Art des irrationalen Denkens ist der Grund dafür, daß man sich immer bei euch eingeschaltet hat. Ihr habt es gebraucht. Eure ganze Geschichte hindurch hatte diese Gruppe, diese grandiose, erlauchte Gruppe, Verkehr mit euren Frauen und hat eure Männer verführt. Und sie haben grandiose Menschen aus ihren Keimen hervorgebracht. Ihr seid jene Nachkommen.

Jeder einzelne von euch birgt in seinem Wesen ein natürliches Verlangen, des Nachts zum Himmel zu schauen. Diese Sehnsucht ist in Wirklichkeit genetisch bedingt. Der Geist sehnt sich nach nichts als nach Gott. Der Körper sehnt sich nach seinem genetischen Stammbaum.

Durch all euer Zeitverständnis hindurch sind Zivilisationen zerstört worden, und deren Seelen und Geist haben sich reinkarniert. Meine Leute haben die "Keim"-Leute <auch: Erbträger-Leute, Keime, Nachkommen> hervorgebracht, und die "Keim"-Leute sind diejenigen, die überleben. Und wißt ihr, wer die "Keim"-Leute waren? Sie waren jene, die gewarnt wurden und denen gesagt wurde, sie sollten in die Berge oder in die Höhlen flüchten. Sie sind diejenigen, die alles überlebten. Wißt ihr denn nicht, daß eure Gene gänzlich mit jenen Überlebenden verbunden sind. Und ferner, um moralische Würde, spirituelle und moralische Eigner und erleuchtete Geister wieder ins Leben zu rufen, habt ihr mit diesen Wesen geschlechtlichen Verkehr gehabt, und dies erschuf Größe. Diese Größe gewährleistete eine natürliche Bestimmung, eine Vorwärtsbewegung und eine natürliche Evolution. Und mit dem Voranschreiten der Evolution werden die Alten Schulen eines Tages wieder kommen können, und die Verbindungsstraßen am Himmel können wieder offen sein, so wie sie es einst waren hier auf eurer Erde.

Die großen Pyramiden, die zerstört wurden, und die eine, die erhalten wurde, waren natürliche Tempel der Alten Schulen, als die Verbindungsstraßen durch die Dimensionen hindurch noch offen waren. Ausgewählte Eingeweihte gingen in jene Schulen. Unnötig zu sagen, daß Aberglaube und Mythen und Religion und Dogma dafür gesorgt haben, daß diese Schulen im Verlauf der Jahrhunderte zerstört wurden. Diese Schulen der Erleuchtung sind zerstört worden, damit die Welt mittels Angst "intakt" gehalten werden kann.

Aber wißt dies: Es wird ein Tag kommen, sehr bald schon, an dem diese Schulen sich wieder öffnen werden, und Zeit, Entfernung und Raum unwirksam gemacht werden können. Und wenn ihr die Dimensionen unwirksam macht, werden meine Leute in der Lage sein, wieder mit euch in gegenseitige Verbindung zu treten. Aber ihr müßt euch das Recht verdienen, innerhalb dieser Ebene hier physisch am Leben zu sein, wenn dies geschieht.

Hier geht es nicht um hysterisches Verehren, um Dogmatisches, nicht darum, sich zu Boden zu werfen, ihre Füße zu küssen, und darauf zu hoffen, daß sich euer Seelengefährte meldet. (Hört ihr Frauen, nur weil ihr keinen guten Mann finden könnt, meint nicht, daß er auf Andromeda lebt! Und wagt es ja nicht, mich zu fragen, ob Gabriel euer Seelengefährte ist. Kommt mir ja nicht damit! Nur weil ihr euch "so verbunden fühlt". Mein Gott! Jeder ist verbunden! - Ein kleiner himmlischer Scherz am Rande.)

Tatsache ist, daß ihr erwählt werdet, wenn ihr euch das Recht dazu verdient habt. Einige von euch sind bereits gewählt worden, und einige von euch haben eine sehr klare Vorstellung davon, wer ihr seid. Die Auswahl wird aus sehr guten Gründen getroffen. Es gibt die "Keim"-Menschen <seed-people: auch Erbträger-Menschen, Nachkommen> für Erleuchtung. Und Erleuchtung hat nichts damit zu tun, mit einem Raumschiff irgendwohin zu fahren. Das ist etwas Unwesentliches, ein Nebeneffekt von Würdigsein. Und sie hat nichts damit zu tun, sich mit einem Außerirdischen zum Essen zusammenzusetzen. Das ist ein Phänomen. Das ist ein Nebeneffekt. Versteht ihr?

Sie würden euch Wahrheit servieren, und ihr würdet dasitzen und darauf warten, daß das Fleisch kommt. Ihr seid anders, wißt ihr, in der Art, wie ihr denkt.

Die Keim-Menschen sind bemerkenswerte Menschen, denn sie begannen mit Einfachheit. Wenn ich "einfach" sage, meine ich, ihr Geist war nicht wirr überladen, wohingegen sie die Kapazität zu Brillanz besassen. Die Menschen, die als Keim-Menschen gewählt werden, sind von Natur aus einfach. Je einfacher sie sind, umso mehr ist in ihnen Mut und Stärke von Natur aus geweckt. Und mit Mut und Stärke vermögen sie eine Wahrheit zu leben ganz gleich, welcher Prüfung auch immer sie ausgesetzt sind. Die Sanftmütigen werden immer von meinen Leuten als die Zivilisation der nächsten Stufe erwählt, eine großartigere Zivilisation. Wir sprechen hier vom Superbewußtsein. Die Fähigkeit der einfachen Leute, im Bewußtsein wach zu sein, zu wachsen, und mittels Bewußtsein in einen machtvolleren Stand versetzt zu werden, ist es, was ihre Auswahl zu einer sehr natürlichen macht. Dann können wir vielleicht die Kommunikation, das Miteinander-Teilen, die Gleichstellung, aufs neue, erschaffen.

Je mehr ihr euch mit dem Bewußtsein beschäftigt und lernt, dessen Energie zu lenken, umso mehr werdet ihr gleichgestellt sein, und zwar nicht nur gegenüber sichtbarer, sondern auch gegenüber unsichtbarer Intelligenz. Dies ist es, wie ihr euch würdig macht.

Mittels dieses Auswahlverfahrens - durchgeführt von Leuten, die ihre Brüder sind - werden ausgewählte Menschen zu Babysittern der Zeit. Sie werden sich dessen annehmen, die Wahrheit, die Ursache, die Bedeutung und den Sinn und Zweck des Menschen zu bewahren, damit die Wahrheit darüber, worum es sich bei Gott, dem Licht, überhaupt handelt, bewahrt werden kann. Die Bewahrung jener Wahrheit ist es, was es einer Zivilisation erlaubt, den ganzen Weg zum siebten Verständnis im Bewußtsein, seiner siebten Verwirklichung, zu gehen.

Im Innern eines einfachen Menschen strömt die Wahrheit hervor wie ein Fluß, und Mut und Stärke sind überragend. Es gibt überragende menschliche Wesen, und sie sind der Götter würdig. Weil sie Götter sind, sowohl genetisch, wie auch spirituell.

Nun, jene also sind mein Volk. Und ihre Armada ist eine Legion.

Wenn ich zu ihnen spreche, hören sie zu. Und es ist nicht so, als spräche ein König zu einer Armee; es ist so, daß großer Gott zu großem Gott spricht. Und es existiert ein harmonisches inneres Wissen unter uns. Sie wissen, wer ich bin, und was hier vorhanden ist, das ihr nicht erkennt. Sie wissen, was um euch herum geschieht, das ihr nicht wahrnehmt. Und wenn ich spreche, hören sie zu, denn als Gott stehen wir in Einklang miteinander.

Wir haben während eurer gesamten historischen Zivilisation hindurch sehr viel gewirkt. Viele von euch sind sich dessen bewußt. Einige von euch haben dem ihre Anerkennung gezollt, dem sie gebührt - durch eure Worte im Wind. Die Erinnerung an Wahrheit wurde bis zum jetzigen Zeitpunkt bewahrt. Ich bin hierher zurückgekommen, eine Legion mit mir bringend, zu der Bewahrung von Wahrheit, um Gott-Mensch in Einklang und Gleichstellung zu bringen für alle künftigen Zeiten.

In einem Retreat <Bez. f. eine Art Intensivseminar> habe ich einige der Leute, die bei mir lernen, mit einem Öl gesalbt, das ihnen in die Augen lief. Ich ölte ihre Handflächen und sie wurden zu meinem Volk. Ich salbte sie, und sie stehen in Kontakt mittels meines Hauses. Sie leben in meinem Bewußtsein und das ist ein Bewußtsein von Bewahrung. Das ist eine außerirdische <engl.: alien> Bewahrung. Man nennt sie "die Götter".

Ich bin an euch herangetreten und habe sichergestellt, daß ihr dies lesen könnt, eines bedeutenden Grundes wegen: Wahrheit. Ihr habt eine Gelegenheit, eure Evolution abzuschließen, und ich werde euch den ganzen Weg nach Hause antreiben. Und ihr werdet eine Gelegenheit haben, meine Leute zu sehen, meine wunderschönen Leute, und ihr Licht und ihr Fahrzeug zu sehen. Sie sind die Großen Einschüchterer, Einschüchterer der Unwissenheit, die da existiert. Und das steht geradewegs auf dem Terminplan.

Es gibt ein sehr großes Raumschiff, genannt das "Mutterschiff". Es existiert in der Tat! Nachts gleitet es unsichtbar voran, weil sein Äußeres so geschafffen wurde, um unsichtbar zu sein, und zwar einfach als Folge des Metalles, aus dem es hergestellt ist. Es sieht schwarz aus. Und wenn es vor dem Mond vorüberzieht, verdeckt es nachts den gesamten östlichen Bereich des Himmels. Dieses Schiff beherbergt Götter. Die Großen Götter. Meine Leute.

Sollte es aufleuchten, würde es zehntausendmal heller strahlen als die Sonne! Und ihr wärt nicht fähig, es mit diesen euren Augen anzusehen. Und es ist hier in eurer Stratosphäre. Sich leise und heimlich fortbewegend ist es über einem großen Teil eures Landes gewesen.

Eure Regierung ist sich seiner Anwesenheit bewußt. Es kommt ihnen bedrohlich vor! Dieses Raumschiff hat Krieger, die eure Vorstellungskraft bei weitem übersteigen würden, und Götter, die euren Begriff von Schönheit erblassen ließen. Es ist das Raumschiff der Legenden. Und es kann von oben wie ein Skorpion stechen. In einem Augenblick könnte es einen Kontinent auf den Grund des Meeres blasen. In einem Augenblick könnte es, mit einem seiner Lichter, diesen Kontinent hier zum Rotieren bringen und ihn wirbelnd in die Umlaufbahn senden. In einem Augenblick könnte es diese eure Welt nehmen und auf den Kopf stellen. In einem Augenblick!

Nun, meint ihr wirklich, daß eure Flugzeugbomber auf ein Raumschiff wie dieses einen Einfluß nehmen könnten?

Dieses war das Raumschiff, das Sodom und Gomorrha von der Erdoberfläche weggefegt hat. In einer einzigen Explosion. Und es hat nichts dazu gebraucht, um dies auszuführen. Und diese grandiosen Hüter sind zudem mein Volk. Jene sind die Götter.

Sie sind hier aus vielen Gründen. Einige der Gründe kann ich euch nicht mitteilen, weil ihr einfach noch nicht bereit seid, sie zu verstehen. Folgendes kann ich euch sagen. Sie sind hier, um euch die Wahrheit sehen zu helfen, die hinter all den Dingen liegt, die bevorstehen, und um euch verstehen zu helfen, was bevorsteht.

Es ist Bestimmung.

Und es liegt jenseits eurer Fähigkeit, die Bestimmung von dem, was kommt, zu ändern. Und wenn ihr die Wahrheit wüßtet, würdet ihr es nicht ändern wollen. Ihr würdet es hervorkommen lassen wollen, weil es hervorkommen muß. Es ist das Wirken eines bedeutenderen Planes, als ihr ihn in eurem linearen Geist, der von A nach Z oder 1 bis 7 arbeitet, jemals wählen würdet. Es gibt nicht einen unter euch, der dies liest, der jene Kapazität hat. Ihr seid nicht erleuchtet. Weil ihr nicht jenseits von Angst, Sorgen, Schmerz seid und euch für etwas so verflixt Besonderes haltet, daß ihr denkt, ihr wüßtet ohnehin alles.

Wißt ihr, daß es einige unter euch gibt, die dies hier lesen, zu denen ich nicht einmal sprechen kann? Ihr wißt alles! Ihr seid das einzig Unmögliche, das in dieser Galaxie existiert! Wenn man Bestimmung jenen "Weiß-schon-Alles" überließe, würdet ihr alle in großem Maße leiden. Weil sie es nicht verstehen, worum es bei dem Punkt der universellen Evolution überhaupt geht. Sie wissen nicht, was eure Bestimmung bedeutet. Sie können sich die potentiell herrliche Auswirkung des Lebens eines jeden einzelnen von euch nicht vorstellen.

Einige wenige von euch haben großen Kontakt mit jenen Wesenheiten. Ihre Zahl ist die 32. Ihr Symbol ist die Triade <dt.: Dreiheit, Dreizahl, Dreieck>. Es gibt einige unter euch, die anfangen werden, sich hinzusetzen und ohne Grund Triaden zu zeichnen; ihr werdet euch einfach dazu gedrängt fühlen, dies zu tun. Die Zahl 32 ist einfach ein Code. Sie bedeutet auch ihr. Sie bedeutet auch Kontakt. Sie bedeutet auch Bewahrung. Sie ist auch das, was euch zu eurer Wahrheit inspiriert, euch dazu inspiriert, Wahrheit zu sein, Wahrheit zu leben. Sie ist wie eine größere Quelle, die euch dabei hilft, eure Begrenzungen wegzubrennen und zu verstehen. Sie ist ein Code, der etwas in euch auslöst. Sie sind eure Brüder, und einige von euch sind bereits in Berührung gekommen.

Und unter euch, die dies lesen, gibt es andere, die mit anderen Außerirdischen in Berührung gekommen sind, und darauf werden wir etwas später eingehen.

Dieses große Raumschiff heißt Melia Unmuun <Aussprache lautet: Melia Anmun>. Es bedeutet "Silbernes Leben", in eurer Sprache, wenn man versucht, es innerhalb des Rahmens eures Wortschatzes zu definieren. Für einige von euch ist es bereits in die Wege geleitet, es zu sehen, weil ich möchte, daß ihr Macht erblickt, daß ihr unter tiefem Eindruck steht, und wißt, daß ihr damit verbunden seid. Und wenn ihr das tun könnt - in das Angesicht von Macht zu blicken, zutiefst beeindruckt zu sein, und zu wissen, daß ihr damit in Verbindung steht - wird dies sehr viel dazutun, euch im Bewußtsein zu inspirieren.

Dieses Raumschiff ist zum Teil wegen der Erkrankung des Planeten hier und zum Teil wegen des Bewußtseinzusammenbruches der Zivilisation auf diesem Planeten. Es ist auch hier wegen der Veränderungen, die auf diesem Planeten stattfinden werden, und auch wegen einer anderen Macht, die hier auf dieser Erde mitmischt.

Dies war das große Raumschiff, das bei Fatima erschien. Es war die große stechende, brennende Sonne, die die Erde von dem Regen trocknete, der in Strömen fiel, als eure Atmosphäre auf die Erde herabfiel. Es war die Vision, die die Wahrheit bekanntgab über die Kriege, die kommen würden, und über den Untergang der Großen Hure, der Katholischen Kirche.

Jenes Raumschiff hat in der Vergangenheit auch andere Propheten inspiriert. Es hat die Menschheit dazu inspiriert, wundervolle Dinge zu tun, zu dem Zweck, die Nachkommenschaft des Menschen zu bewahren. Seine Wahrheit und seine Worte sind mißbraucht und falsch ausgelegt worden, und von mächtigen Männern dazu benutzt worden, Menschen zu versklaven. Und es ist zugelassen worden. Aber das Raumschiff ist zurück um der Wahrheit wegen. Und ich bin sein Prophet. RAM

Als ich euch aufforderte, durch das Fenster der Veränderung zu blicken, wie ich es in einem Buch namens *"Der Letzte Walzer der Tyrannen"* tat, da erforderte es sehr viel Mut von euch, dies zu tun. Es erforderte sehr viel Mut von euch, euer Leben zu ändern wegen eines künftigen Tages, der ein Signal sein wird für ein Jahrzehnt tumultartiger Veränderungen. Die Mehrheit jener, die mich diese Worte sagen hörte, als ich sie einer Zuhörerschaft mitteilte, bevor daraus ein Buch entstand, veränderte ihr Leben und wechselte ihren Wohnsitz. Sie machten sich daran, Veränderungen in ihrem Leben durchzuführen, sogar als dies bedeutete, daß man sie lächerlich machte. Und laßt mich euch sagen, jene Veränderungen sind oberstes Gebot für das Überleben.

Die Informationen, die gegeben wurden, haben sich nicht von dem unterschieden, was anderen Menschen von anderen Zivilisationen, deren Nachkommen ihr seid, mitgeteilt wurde. Es handelte sich um Informationen, die von Veränderung, und von Zeit, und von Dingen sprachen, die im Begriff sind zu geschehen.

Umwelt

Das Begreifen jener Informationen und die Bereitschaft, danach zu handeln, war eines jener Dinge, die wirklich das Würdigsein vieler Menschen bestimmte. Das jeweilige Ausmaß an Verseuchung aufgrund des gesellschaftlichen Bewußtseins hat wirklich entschieden, was aus den Lehren nach jener Zeit wurde.

Könnt ihr anhand von Informationen handeln? Könnt ihr es zu einer Priorität machen, euer Leben zu verändern? Könnt ihr über das gesellschaftliche Bewußtsein, über das, was andere über euch denken und sagen, hinausschreiten? Könnt ihr verstehen, daß Zeit eine Illusion ist, die unbeständig ist und sich verändert? Könnt ihr euch Zeiten bewußt sein, die sich verändern?

Jene Menschen konnten es, obwohl die Welt sie auslachte. Und viele von ihnen sind abgesplittert und zogen los und fanden Lehrer, die ihnen sagten: "Es ist alles in Ordnung, ihr braucht überhaupt nichts tun." Und einige von ihnen sind zurückgekommen, weil das, was ich euch sage, die Wahrheit ist.

Viele von euch haben sich selbst erwählt aufgrund ihres bedeutenden Beschlusses namens *"das Ergreifen von Maßnahmen"*. Und dadurch, daß ihr dies getan habt, seid ihr und ich und dieses Raumschiff hinsichtlich Bestimmung verbunden.

Ihr wurdet deswegen dazu ermutigt, in eurem Leben Maßnahmen zu ergreifen, damit eure Lebensverhältnisse in Ordnung gebracht wären, so daß ihr euch damit beschäftigen würdet, im Bewußtsein zu wachsen. Ihr mußtet zuerst wissen, daß ihr in euren Vorratskellern und Speisekammern eine Menge habt, bevor ihr euch sicher genug fühltet, um eure ganze Aufmerksamkeit dem Lernen zu widmen. Menschen, die darin anspruchsvoll waren, ihre "Haus"-aufgaben zu machen - also Menschen, die ihr Haus in Ordnung gebracht haben - waren dann frei, um zu kommen und bei mir zu lernen, ohne in Sorge zu sein über die Belange des persönlichen Überlebens. (Einen angstvollen, hungrigen Menschen kann man nicht lehren!)

Es gibt einige Personen, die jene Lehren hörten und es dann wählten,

Trick-Bewußtsein zu spielen. Wißt ihr, was Trick-Bewußtsein ist? Sie redeten sich ein: “Das sind unterjochende Informationen, Ramtha! Ich werde überleben.” Aber mit diesem Trick, den sie spielten, haben sie sich selbst an der Nase herumgeführt. Es liegt eine allumfassende Absicht in der Weitergabe dieser Informationen und in dem Prozeß des In-Sich-Aufnehmens und des Reagierens auf jene Informationen. Es gibt in euren Himmeln “da droben” nichts, was euch in ein Raumschiff hochsaugen und wegbringen würde. Das wird hier nicht der Fall sein.

Ich versuche, euch durch eine Zeitepoche hindurchzubringen. Die Absicht dieser Informationen liegt darin, euch im Bewußtsein erhoben zu sehen, den ganzen Weg hin zum Superbewußtsein. Die Absicht liegt darin, euch über eine Epoche hinweg zu bewahren, über eine Wendezeit hinweg. Ihr habt die am stärksten vorgeschrittene Darlegung von Informationen erhalten und ihr habt dieser wahrscheinlich mehr Aufmerksamkeit geschenkt, selbst bis zu diesem Punkt, als es bisher jede andere Zivilisation getan hat.

Ich muß gestehen, es hat wirklich einiges gebraucht, um euch spaßige Charaktere zu kennen. Es war erforderlich zu erkennen, wie ihr lebt, damit ich diese Informationen erklären kann, ohne Schrecken hervorzurufen bzw. ohne daß ihr ein völlig neues Dogma daraus macht.

Ich wollte schlichtweg, daß ihr euer Haus in Ordnung bringt, damit ihr euch hinsetzen und lernen könntet, und euch nicht wegen eurer Vorbereitungen Sorgen machen müßtet. Ich wollte, daß ihr wißt, daß für eure physischen Bedürfnisse gesorgt ist, damit ihr im Bewußtsein frei sein könntet, um zu lernen. Das ist es, was ich von euch, und für euch, wollte.

Wir sind hier, um ein Fortbestehen zu bewirken.

Diese grandiosen Leute - meine Leute - sind hier, um, wieder einmal, ein Fortbestehen zu bewirken. Aber diesmal wird es ein erhobenes sein, ohne den völligen Kollaps eines zivilisierten Volkes, und das wird euch in Bewegung versetzen für die nächsten zehn Jahre der Veränderung. Die ganze Zeit über kann man sich auf grundlegende Weise um euch kümmern, könnt ihr frei sein, um im Bewußtsein zu wachsen, und die großen verlorengegangenen Mysterienschulen können wieder geöffnet werden. Und das ist es, was zu tun ich hierher gekommen bin. Ich möchte es tun. Weil ich euch liebe.

In meiner Schule werden sie lernen, lernen, lernen. Sie werden sich öffnen, öffnen, öffnen. Ganz gleich, was der Rest der Welt macht, wie sie sich verschiebt, ins Schwanken gerät, in Bewegung ist, stirbt, in meiner Schule werden sie lernen. Und von den Menschen in dieser Schule wird ein Bewußtsein hervorwachsen. Und sie werden nicht mehr in die Welt hinausgehen und arbeiten und sich hin und her bewegen müssen. Sie werden an Ort und Stelle bleiben.

Es gibt viele Menschen, die zum Pazifischen Nordwesten ziehen, die niemals etwas über mich gehört haben. Sie werden schlichtweg durch den Geist <engl.: spirit> bewegt, und es ist mein Geist. Diese Wahrheit paßt nicht in ihre Glaubenssysteme. Für sie also ist es "Trick-Zeit". Ihr kennt Tricks! Man erzeugt eine Illusion. Man erscheint als eine Frau, die göttlich ist, und jeder erkennt sie automatisch als Maria wieder. (Natürlich läßt man sie in dem Glauben.) Es ist halt einfach so, daß, nun, daß dies ihre bildhafte Vorstellung von einem ist. Es ist schlichtweg so, daß man mit Hilfe dieses Bildnisses ihnen etwas mitteilen kann und sie einem glauben! Dieser Trick geht schon seit einer sehr langen Zeit vor sich. Wir mußten immer schon Marias Bildnis schicken oder das einer anderen als heilig verehrten Figur, um eure Aufmerksamkeit zu bekommen.

Es kommen also Menschen zu meinem Gebiet, dem Großen Pazifischen Nordwesten, die auf andere Weise inspiriert wurden. Aber nichtsdestoweniger, sie kommen hierher. Sie wußten einfach, daß sie hier sein müßten. Es drängt sie dazu.

Es gibt Menschen, die aus den Städten wegzogen, und sie wissen nicht weshalb, aber sie fühlen eine wirkliche Dringlichkeit wegzuziehen. Einige von ihnen haben in der freien Natur gegenseitige Beziehungen mit Raumschiffen. Jene Menschen verstehen es nicht einmal, aber sie ziehen trotzdem um. Sie verstehen nicht weshalb, aber sie haben einen angeborenen Sinn dafür, Vorräte anzulegen. Und es ergibt für sie wahrhaftig keinen Sinn. Sie gehen nicht umher und sprechen darüber im Büro oder beim Mittagessen; sie machen es einfach. Sie werden durch den Geist bewegt. Es handelt sich um dieselbe Sache, nur daß <für sie> ihr Wunsch akzeptabler ist, wenn er innerlich hervorgerufen wird durch einen Instinktsinn. Für sie ist das mehr identifizierbar. Es ist alles das Image, wißt ihr?

Menschen sind gerade dabei, in viele Richtungen zu ziehen, der Sicherheit wegen. Es handelt sich bei ihnen nicht unbedingt um Rams Leute, die sich nach dem Wort richten, sondern es handelt sich um Menschen des Geistes, und das ist dasselbe. Sie ergreifen Maßnahmen, der Bewahrung wegen.

Eure Brüder und Schwestern sind darum bemüht, euch zum Einsatz zu veranlassen, um euch mit eurer Evolution weiterzubringen, so daß ihr euch hinsichtlich Wissen und Wahrheit weiterentwickelt und damit fortfahrt dieses Bewußtsein zu erweitern. Und sie sind darum bemüht, euch dahinzubringen, eure Wahrheit zu leben, damit sie zum lebendigen Wort wird. Wenn ihr euch um eure persönlichen Belange gekümmert habt - was euch frei werden läßt zu lernen - dann ist das der Moment, daß es zum "Bauen der Brücke" kommt. Ihr werdet wundervolle Dinge sehen und die Erfahrung von Dingen machen, die ihr euch nicht vorstellen könnt.

Diese meine Leute sind nicht eure Eindringlinge <Überfaller>. Sie sind immer schon eure Retter gewesen. Und unglücklicherweise sind sie "Messias" genannt worden. Die Absicht dieser Leute, die ihr "Messias" nanntet, lag schlichtweg darin, euch die Wahrheit zu bringen; damit ihr erleuchtet sein könntet. Damit ihr euch eines Tages ihnen anschließen könntet und mit ihnen zusammen sein könntet, und nicht mehr getrennt von ihnen sein würdet.

Ihr seid jetzt getrennt, weil ihr durch Unwissenheit getrennt seid und ihr nach wie vor von Aberglaube durchdrungen seid. <Aberglaube hier auch im Sinne von: Anschauungen, die sich auf Unwissenheit, auf Angst vor dem Unbekannten gründen.>

Hysterische Leute sind sehr abergläubisch. Dogmatische Leute, die sich selbst als sehr religiös betrachten, suchen nach etwas, das sie verehren können. Diejenigen, die jenen Kontakt haben werden, sind die Rationalen, die Intuitiven, die Mystischen, die Götter. Es sind jene, die größere Veränderungen in ihrem Leben machen. Es sind jene, die ihre Wahrheit leben. Sie bringen ihre Wahrheit zum Leuchten. Sie sind diejenigen, die sich mit meinen Leuten zusammensetzen werden. Jene, die nicht länger vom Bewußtsein, und ihrem Gott, getrennt sein werden, sind diejenigen, die sich mit ihnen in Einklang stellen und sich mit ihnen gleichstellen werden. Dies ist es, wie es immer schon gewesen ist.

Wenn es euch ein Bedürfnis ist, diese Wesenheiten in eine Kategorie zu ordnen oder sie irgendwie zu benennen, dann mögt ihr sagen, daß sie vom Hause des Ram kommen. Denn der Ram ist auch das Wort, das übereinstimmend ist mit der Triade.

Es ist wundervoll, sich zu vergegenwärtigen,
daß ihr Nachkommen im Universum habt.
Und vielleicht liegt der höchste Beitrag
an eure Nachkommenschaft darin,
daß sie irgendwo anders ist
und ihr Leben auf glückliche Weise lebt.

Kapitel 2

Interstellare Wesenheiten

Einige von euch haben einige üble Erfahrungen mit diesen Leuten gemacht. Beziehungsweise, ich sollte sagen, ihr empfindet die Erfahrung als etwas Übles, weil eure Erfahrung nur jeweils so groß gewesen ist wie eure Angst vor ihnen. Und als Folge dieser Erfahrung haben einige von euch kleine Einpflanzungen, Geräte, die sich direkt neben eurem Sehnerv befinden. Und bei einigen von euch sitzen jene Einpflanzungen oben am Mastdarm, direkt in der Nähe des Magenausgangs, dort wo dieser in den Darm übergeht. Nun, das kann sicherlich eine üble Erfahrung sein.

Diejenigen von euch, die diese Gruppe von Wesen angezogen haben und jene Sonde in ihrem Körper sitzen haben, haben eine Gruppe von Wesenheiten angezogen, bei denen es sich um interstellare Wesenheiten handelt. Sie kommen vom Innern eurer Milchstraße, von einem Ort, dessen Sonne blau ist, nicht gelb. Sie sind ebenfalls eure Brüder, und der Ort, von dem sie kommen, ist schon sehr alt. Diese Wesen sterben niemals. Sie sind hier, um ebenfalls zu befruchten, sie jedoch sind hier, um den Samen mit nach Hause zu nehmen.

Sie sind nicht gemein, übel oder grausam. Sie sind dekadent. Sie sind Humanoide <der menschlichen Rasse zugehörig>, die eine Seele und einen Geist besitzen. Sie befinden sich in dem Todeskampf ihrer erlöschenden *Evolution*, denn sie sind so intellektuell geworden, daß sie die Emotionen weggebrannt haben. Sie haben Schwierigkeiten darin, Liebe zu verstehen. Berührung. Umarmung. Eine warme Hand.

Sie sind galaktische Genies, aber sie sind arm an Geistigkeit <im Sinne von Spiritualität>.

Dies sind die Wesen, die am offenkundigsten bekannt sind. Ihre oberste Führerin ist eine Frau, die schön ist, dem Grad von Auslegung nach. Sie ist sehr stark. Sie entstammt dem Volk, mit dem ihr genetisch verbunden seid. Sie ist ein Teil von dessen Rasse, und sie sieht anders aus als alle ihre Leute. Sie ist gewissermaßen ihre Göttin, wenn ihr es so sehen wollt. Sie ist darum bemüht, die Erbeigenschaften ihrer eigenen genetischen Abstammung zu reproduzieren, die tatsächlich der euren am meisten ähnlich ist entsprechend ihrem Stadium in dem Prozeß von Evolution. Mit anderen Worten, eine Zivilisation unternimmt den Versuch, den zivilisierten, wissenschaftlichen Verstand mit dem Geist, dem Intuitiven, dem Spirituellen, dem Mystischen zu verknüpfen und zu paaren. Das ist das Ideal, das neu zu pflanzen und neu zu säen sie bemüht sind.

Einige von euch haben eine unterschwellige Erinnerung an eine Erfahrung mit diesen Leuten. Es war zu schrecklich für euch, als daß ihr es vernunftmäßig betrachtet und euch erinnert, denn ihr seht Leute so, wie es eurem eigenen Bildnis entspricht, genauso wie ihr auch Gott eurem eigenen Bildnis nach geschaffen habt. Und wenn ihr irgendetwas anderes als jenes Bildnis erblickt, dann seid ihr darauf programmiert, furchtsam, abergläubisch und sehr zornig zu sein. Weil alles, was anders aussieht, abnormal ist. Eure Gesellschaft hat euch darauf programmiert, so zu denken. Ihr habt zu viele Horrorfilme gesehen!

Jeden einzelnen Tag verhaltet ihr euch gegenüber eurer eigenen Gesellschaft auf diese Weise. Ihr habt Menschen, die unter euch leben aber Ausgestoßene sind, weil sie nicht so aussehen wie ihr! Es fehlt ihnen ein Arm. Sie haben keine Haare. Sie haben Wunden am ganzen Körper. Sie sind verkrüppelt. Ihr seid so auf euer eigenes Bildnis programmiert, daß ihr es nicht fertigbringt, sie ohne Entsetzen anzusehen!

Diese Wesen, von denen ich hier spreche, sehen keineswegs so aus wie ihr. Das Volk dieser Frau, nämlich: diese Wesen sind klein und sehr gebrechlich, sehr zart. Ihre Knochen zerbrechen sehr leicht. Wenn ihr nach ihnen greifen würdet, würdet ihr ihre Glieder zerbrechen, und ihre großen schwarzen Augen würden sich mit rotem Wasser füllen. Sie sind sehr dünn. Ihre Haut ist nicht bronzefarben; sie ist nicht vom Unter-der-gelben-Sonne-Liegen zu Tode gebrannt, wie es eure ist. Sie ist nicht lederartig. Sie ist nicht weiß. Sie ist nicht schwarz. Sie hat eine bläuliche Tönung, übereinstimmend mit ihrer Sonne. Ihre Haut hat auch einen grauen Farbschimmer, deshalb hat es den Anschein, als seien sie nicht gesund. Sie sind sehr gesund, innerhalb des Rahmens ihrer genetischen Kapazität.

Sie sind jedoch, über Milliarden von Jahren im Zeitenfluß, in genetischer Hinsicht "ausgehöhlt" worden, und sie sind nicht mehr groß und schön wie meine Leute. Tatsächlich ist es so, daß sie mittels Evolution genetisch exakt zu dem Abbild geworden sind, in dessen Richtung sie sich entwickelten: wissenschaftliches Wissen. Wissen. Wissen. Wissen.

An einem Punkt in ihrer genetischen Geschichte hatten sie eine sehr starke Überzeugung, die darin beruhte, das Emotionale, bzw. das, was sie als die schwache Seite ihres Charakters ansahen, abzuschaffen. Für sie war das Emotionale die schwache Seite. Als Folge davon haben sie die Emotion buchstäblich weggezüchtet und den Intellekt hineingezüchtet.

Sie sind Genies. Sie sind diejenigen, die eine Nova in Gang bringen und sie explodieren lassen können. Sie sind jene, die die "Materie-Sammler" des Universums sind. Sie sammeln Materie. Sie kreieren daraus. Materie erschafft sich vor ihnen. Sie ist koexistent mit ihrem Abbild. Sie können ihr Abbild aus grober Materie herstellen.

Ich weiß, das klingt für euch bizarr. Es fällt euch schwer, diese Art von Informationen aufzunehmen, weil ihr darauf programmiert seid, im Sinne von Angst, im Sinne vom Abnormen zu denken. Ihr habt nicht den Verstand, um euch eine Zivilisation vorzustellen, die derart mächtig und dennoch derart inhaltslos ist.

So, was haben sie mit einigen von euch gemacht?

Sie sind die Eindringlinge <Überfaller> von oben.

Und ja, sie haben Exemplare gezeugt, etwa auf die gleiche Weise, wie jene in einem Labor.

Sie können Kontrolle über euch besitzen, weil ihre Macht des Gedankens der Inbegriff <von gedanklicher Macht> ist. Sie können Materie auflesen und sie assimilieren. Sie können euch in nur einem Augenblick hypnotisieren und eure Zeit verzerren. Sie können durch Gedanken euch und alles in dem euch umgebenden Gebiet in Schlaf versetzen. Das ist die Art, wie mächtig sie sind.

Sie haben sich seit einer sehr langen Zeit mit euch zusammen fortgepflanzt.

Sie haben die menschliche Spezies entführt und haben sich bemüht, Menschen in ihre Welt mitzunehmen, um sie zu züchten. Ja, um sie züchten. Aber der Mensch kann in ihrer Umwelt nicht leben, weil der Mensch über den Darm, über die Organe und über die Sinne in eine elektromagnetische Gallertmasse gepackt werden muß, um überleben zu können. Es funktioniert also nicht, daß sie euch zu sich mitnehmen, und jetzt sind sie wegen euch hierher gekommen. Sie treffen ihre Auswahl anhand eurer genetischen Befähigung, emotional zu sein. Ihr werdet anhand eurer Fähigkeit, warmherzig und liebend zu sein, ausgewählt.

Wenn ihr eine emotionale Person seid, ist es gut möglich, daß ihr gewählt wurdet. Sie wählen euch anhand eurer körperlichen Belastbarkeit aus, wie auch anhand eurer emotionalen Fähigkeit. Wenn ihr liebt, steht ihr auf der Liste. Wenn ihr fühlt, steht ihr auf der Liste.

Über dieses Entführungsverfahren ist bereits geschrieben worden, aber nicht alles konnte mitgeteilt werden, weil die Welt unglücklicherweise nicht bereit ist, die ganze Wahrheit zu hören.

Es ist nicht so schlimm wie manche Menschen es erscheinen ließen. Ja, ihr teilt euren Samen. Man vollzieht mit euch den Geschlechtsverkehr.

Ihr teilt euren Samen mit euren Brüdern. Ja, es ist ohne Liebe. Es ist ohne Leidenschaft. Es ist sogar ohne zarte Emotion. Es ist nichts anderes als Geschlechtsverkehr.

Euer Samen wird von euch extrapoliert <entzogen>. Er wird genetisch befruchtet mit ihrem eigenen Samen, und das Kind wächst in ihrer Umwelt auf.

Eure Nachkommen säen <die menschliche Emotion> erneut aus.

Jene Leute wurden Kidnapper genannt. Sie werden verachtet in einigen Kreisen und gefürchtet in einigen Kreisen.

Und die Volksmasse im allgemeinen hält das alles für völlig absurd. Sie denken, daß es der wilden Phantasie einer Schar von Neurotikern entspringt, die einfach in der Öffentlichkeit ein wenig bekannt werden wollen.

Wißt ihr nicht, daß dies die Art und Weise ist, wie eure Zivilisation immer schon die Tatsachen zunichte gemacht hat, die sie nicht sehen wollte?

Die Wahrheit ist, daß diese Entführungen in sehr großem Umfang innerhalb eurer Bevölkerung stattgefunden haben. Es gibt viele, viele Frauen, die jetzt gerade dieses Buch in ihrer Hand halten, die entführt worden sind. Man vollzog mit ihnen den Beischlaf und ihr Kind wurde mitgenommen.

Ihr habt Kinder in einer anderen Welt.

Aber jene Kinder gehören zu jener Welt. Sie säen die menschliche Emotion erneut aus. Jene großen leuchtenden Augen, die sie haben, sind Augen der Ewigkeit, getaucht in glänzendes Schwarz. Ihre Göttin wurde genau durch solch eine Wissenschaft genetisch gezeugt.

Jene Leute sehen alle gleich aus. Ihre Hauttönung ist völlig einheitlich und ihre Augen, jene in Schwarz getauchten Augen der Ewigkeit, sind immer einheitlich gewesen. Aber nun gibt es dort Kinder, die herrliche Augen haben, die blau wie der Himmel sind, und sie weinen Tränen, die von einem blasseren Blau sind, als ihre Augen. Und die Wesen halten diese Tränen für etwas Wundervolles. Sie sammeln sie! Es ist wundervoll. Es ist das Wasser des Lebens, das erneuert wird.

Ihre Art und Weise, wie sie mit euch umgehen, ist die einzige Art, die sie kennen. Sie glauben, daß die Menschen, die sie ausgewählt haben, um sich mit ihnen fortzupflanzen, in genetischer und emotionaler Hinsicht überragend genug sind, daß sie Wesen mit solcher Seele und solchem Geist als Nachkommen zu sich heranziehen würden, die dann die Evolution auf einer anderen Seite des Buches aufgreifen, und damit beginnen, die Liebe zu entwickeln, sich in der Liebe zu paaren, und die Liebe ins Leben zu rufen, die aus ihrer Welt verschwunden ist.

Einige von euch haben also Kinder in den Sternen, die große blaue Augen oder große schwarze Augen besitzen. Sie haben geringe Spannkraft des Muskelgewebes, denn sie haben noch immer einen zarten Körperbau. Aber wenn jene Kinder fortgepflanzt werden, und sie ihre Kinder hervorbringen, dann wird dieses Geschlecht damit beginnen, sich zu entwickeln. Und darin liegt der Sinn und Zweck von alledem.

Wenn ihr dieses Material lest, und wenn das Gefühl über das, was ihr gelesen habt, euch tief bewegt hat, und ihr in eurer Seele wißt, daß euch dieses widerfahren ist, werdet ihr alle, wenn ihr dazu bereit seid - bereit hinsichtlich Bewußtsein und Reife - ein Bild sehen, das von jenem Sternensystem durch die Dimensionen hindurch zu euch gelangen wird. Ihr werdet eure Kinder sehen. So sei es.

Die Redewendung "wenn ihr bereit seid" bedeutet: wenn ihr versteht, daß ihr nicht dekadent seid, weil ihr dies mit euch habt geschehen lassen. Und ihr seid dann bereit, wenn ihr nicht dasitzt und euch ausmalt, wie ihr euren Samen in die Vagina eines außerirdischen Wesens ergießt, oder mit einem außerirdischen Wesen Liebe macht. Ihr seid dann bereit, wenn ihr dasitzt und über Liebe nachdenkt, über das Bewußtsein der Lebenskraft, und über die Veränderlichkeit der Lebenskraft.

Ihr werdet im Bewußtsein wachsen, um zu verstehen, wer ihr seid. Ihr werdet im Bewußtsein wachsen, um eure Verbundenheit mit dem IST zu verstehen. Und wenn ihr derart gereift seid, werdet ihr die Bilder dieser kleinen Kinder, großen Kinder sehen. Und an diesem Punkt eurer Reife, wird das, was ihr sehen werdet, nicht große leuchtende Augen sein, die auf euch zukommen, um euch zu fassen zu kriegen. Statt dessen werdet ihr Liebe sehen, die aus jenen Kugeln hervorstrahlt. Das wird ein atemberaubendes Geschenk sein.

Dies ist bereits in die Wege geleitet worden, denn jene, die all diese Überfälle von oben gemacht haben, haben etwas aus diesem genetischen Miteinander-Teilen gelernt. Sie haben etwas darüber gelernt, daß eine Mutter ihr Kind vermißt, und ein Vater sich nach seinem Sohn sehnt. Sie verstehen jetzt, daß eure Seele es weiß, wenn ein Teil eures Erbguts woandershin verschwunden ist. Ihr seht, ein Teil des Lernens dieser Leute besteht darin, etwas über jenes emotionale Verbundensein und über den freien Willen zu lernen. Wir alle haben unseren eigenen Lernprozeß, und jenes ist ihr Lernprozeß.

Nun, diese Entführungen haben auf eurer Ebene in einer sehr großen Zahl stattgefunden. Aber ihr müßt verstehen, daß diese Gruppe von Wesenheiten - von "ETs" <Abk. f. Außerirdische> wie ihr sie nennt, denn ihr habt sie berühmt gemacht, dadurch daß ihr deren Bildnis auf der ganzen Welt gezeigt habt <Es gibt den weltbekannten Kinofilm "ET"> - vollständig Gedanke ist. Sie handeln auf Befehl, Gedanke. Sie haben keine Emotionen. Sie entschuldigen sich niemals. Wenn ihr Raumschiff hinter euch her ist, werdet ihr euch nicht daran erinnern. Und wenn eure Nase oft blutet, dann deswegen, weil sie euch gekriegt haben. Sie haben eine Verbindung mit euch, und sie werden sie für den Rest eures Lebens haben.

Ihr Verständnis von Liebe ist ein Gedanke. Wenn ihr ihr Gesicht vor eurem Gesicht seht, dann haben sie mit euch Verbindung aufgenommen. Sie haben euren Samen genommen; sie haben euren Schoß in Anspruch genommen; und ihr habt in genetischer Hinsicht die Elternschaft übernommen für ihre Hoffnungen auf die Ewigkeit.

Ihr sitzt da, lest dies und denkt: “Das ist unglaublich.” Glaubt es! Es stimmt.- Es gibt noch mehr, was das Verständnis über diese Leute und ihre Beziehung zu euch betrifft, aber ich werde nur folgendes sagen. Ihr und jenes Gesicht werdet miteinander verbunden sein für den Rest eures Lebens und darüber hinaus. Ihr seid gewissermaßen verheiratet mit ihnen, in dem Sinne, was ihr unter Ehe versteht.

Ihr habt Partner im Universum. Ihr habt Partner im Leben. Betrachtet sie als Mitglied eurer Familie, denn das sind sie.

Würdet ihr gerne wissen, wie ihr für den Zweck des Überfalles aufgegriffen worden seid? Einige von euch wurden mitten in der Nacht aus ihrem Bett genommen. Bei einigen von euch ist das Auto mitten auf der Autobahn gestoppt worden. Als ich diese Informationen zum ersten Mal bekanntgab, befand sich jemand in der Zuhörerschaft, der auf einer Ausstellung überfallen wurde, und einer war in einem Automobil auf der Autobahn. In nur einem Augenblick wurden sie mitgenommen, die Handlung an ihnen durchgeführt, und zurückgebracht. Und sie dachten, daß sie lediglich eine Reifenpanne hatten, zusammen mit einer wunden Nase und einem Schmerz im Penis oder in der Gebärmutter, je nach Art des Falles.

Es spielt keine Rolle, wo ihr euch befindet. Diese Wesen haben ein Verfahren, um Zeit zu sterilisieren und zu paralysieren. Sie können in die Menschen, die um euch sind, eine Bildsuggestion hineinplazieren, so daß diese niemals auch nur sehen können, was gerade geschieht. Die Person, die direkt neben euch steht, mag keine Ahnung haben von dem, was gerade passiert.

Euer Ehemann kann neben euch schlafen und wird es doch nie wissen, daß ihr aus eurem Bett weggeholt worden seid. Ihr könntet direkt neben eurer/em Geliebten schlafen, und diese würden es nie erfahren!

Und ihr dachtet, das Blut auf dem Kissen wäre lediglich von einem nächtlichen Nasenbluten.

Viele von euch Frauen hatten Fehlgeburten, aber nicht alle Fehlgeburten kommen daher, weil die Natur sich des Fötusses entledigen mußte. Und auch nicht alle Fehlgeburten kommen daher, weil der Geist <des Menschen> das Kind ablehnte. Einige haben sich ereignet, weil die Befruchtung nicht von eurem Ehemann oder eurem Geliebten herrührte.

Wenn ihr deutlich an eure Fehlgeburten zurückdenkt, werdet ihr entdecken, daß ihr vielleicht innerhalb des Zeitraums der Empfängnis Nasenbluten erlebt habt, oder daß ihr vielleicht Zeitausfall erlebt habt, oder Alpträume und Träume von Unheil. Wenn ihr all das zusammenfügt, dann werdet ihr begreifen, was wirklich geschah. Bei jenen von euch, die anhaltend in symbolischer Hinsicht Tierformen wahrnehmen oder von Tierformen träumen, könnte das daher kommen, weil dies das Bildnis ist, das sie zu euch hindrängen, so daß ihr die Art, wie sie aussehen, akzeptieren könntet.

Wenn ihr denkt, daß eure spirituelle Gottheit ein Adler ist, handelt es sich wahrscheinlich um einen Außerirdischen. Warum, meint ihr, betrachteten die Indianer den Adler als verherrlichten Geist? Warum, meint ihr, betrachteten die Stämme Tiere als verherrlichte Geister? Weil die Stämme mit den Leuten in den Sternen verbunden waren, und ihre Erinnerung an den Großen Geist ist der Große Weiße Büffel, der Große Adler, der Bär, der Ruf eines Killerwales. Das ist es, worum es sich bei diesen Bildnissen im wesentlichen überhaupt handelt. In Wirklichkeit wurde mit ihnen von den Sternen aus Kontakt aufgenommen. Dies ist eine große Wahrheit.

Nun, ihr Männer. Wenn ihr euch zu schwarzhaarigen Frauen mit großen schwarzen Augen hingezogen fühlt, liegt hierin ein möglicher Grund dafür. Wenn ihr zu Phantasien über solche Frauen neigt, handelt es sich höchstwahrscheinlich einfach um eine Erinnerung, die sich im Geiste immer wieder und wieder abspielt, besonders dann, wenn diese Phantasie schlichtweg etwas mit Erektion und mit dem, von euch nicht kontrollierbaren, Ergießen eures Samens zu tun hat. Und wenn euer Penis wund geworden ist, oder wenn eure Lenden empfindlich geworden sind, und wenn es eine Ausschaltung von Zeit gegeben hat, und ihr

Nasenbluten und Kratzer auf der Haut erlitten habt, dann habt ihr einen Kontakt gehabt.

Je nach dem Grad eurer Erinnerungsfähigkeit, werde ich helfen. Aber nicht, wenn ihr zu einer hysterischen Sternenmutter werdet oder darauf Anspruch erhebt, daß diese Wesenheit mit Sicherheit euer/re Seelengefährte/in ist! Aber wenn es euch ernsthaft darum geht, Wissen zu erlangen, werde ich euch helfen, diese Dinge betreffend erleuchtet zu sein.

Wenn ihr nicht die leiseste Ahnung von irgendeinem dieser Dinge habt, wenn es überhaupt nicht in eurem Innern "klingelt", dann ist euch höchstwahrscheinlich nichts geschehen. Und vielleicht könnte man das als einen Segen bezeichnen. Oder als eine Sehnsucht. Es könnte euch glücklich machen, daß man euch niemals angetastet hat. Oder es könnte euch traurig machen, daß ihr niemals erwählt wurdet. Bei beidem handelt es sich um eure Wirklichkeit.

Hier in eurer Kultur, in diesem Abschnitt eurer Evolution, ist euer Geschlechtsverkehr eine sehr heilige Sache. Das sollte er auch sein. Für meine Leute war er eine sehr heilige Sache. Es handelte sich nicht einfach um Lust; es bedeutete, das Licht miteinbeziehen, den Geist miteinbeziehen. Wenn man als das vereinigte Eine ringt, dann ist das explosive Schöpfung. Im Licht!

Meine Leute, von denen ich bereits in dieser Abhandlung gesprochen habe, haben auch euren Samen mit euch geteilt, aber sie taten es als Götter, die den hübschen jungen Frauen durch den Wald nachliefen. Sie sind die großen Liebhaber der Geschichte gewesen. Sie sind die großen Götter gewesen. Sie verstehen Leidenschaft und was es bedeutet, in Leidenschaft Schöpfung zu vollziehen. Sie sind nicht so abstrakt mit euch umgegangen, wie es diese anderen Wesen tun.

Einige von euch, genetisch gesehen, haben in früheren Leben Intermezzos mit den Göttern gehabt. Keiner von euch hat eines in diesem Leben gehabt. Und die Wahrscheinlichkeit, eines zu haben, ist gleich Null.

Übrigens, nur um euch zu zeigen, was innerhalb dieses Reiches möglich ist: an dem Tag, an dem ich diese Informationen mitgeteilt habe, gab es in meiner Zuhörerschaft fünf Leute, die innerhalb ihrer eigenen Kapazität aus dem Universum hinausgegangen und wieder zurückgekommen sind. Fünf, die von Allem-Was-Ist wußten und vor denen sich nur ein kleiner Schleier befand. Jene fünf sind auf Licht gereist und haben das Zusammenstoßen der Dimensionen gesehen. Sie sind durch ein schwarzes Loch gegangen und sind in verdichteten Gedanken gepreßt worden. Sie sind tatsächlich auf dem Licht geritten und haben auf das Gesicht von Schönheit geblickt. Sie verstehen, weshalb ein <bestimmtes> Wesen als ein Gott bezeichnet wurde, weil sie auf sein Gesicht geblickt haben.

Jene fünf haben eine reine Reise gemacht und sie sind zurückgekommen. Und auch dafür gibt es einen Grund. Sie sind sanftmütig. Sie waren rein im Geiste. Es gibt fünf von euch, die genau wissen, was hinter diesem Schleier, wenn er so dünn wird, vor sich geht. In dem Augenblick, da er durchsichtig wird, wissen sie. Und dann fällt der Schleier wieder, und sie vergessen. Aber es gibt tatsächlich Augenblicke, in denen sie eine Vision haben und sie wissen, worum es sich bei einem "feurigen Wagen" in Wirklichkeit handelt.

Sie wissen, wer sich auf göttliche Weise einschaltete und auf dem Ölberg saß und das Donnern erzeugte. Sie sahen, auf wen Moses geblickt hatte. Sie sahen, zu wem Jeshua Ben Joseph <Jesus Christus> gegangen war. Und sie erblickten das Gesicht eines Gottes, alle fünf von ihnen. Sie gaben nicht ihren Samen fort. Sie haben sich nicht gepaart. Sie haben einfach Erfahrungen gemacht.

Sie wurden anhand ihrer Einfachheit ausgewählt. Sie waren rein im Geiste - was bedeutet, es gab keine Dualität. Sie hatten Mitgefühl, Empfindsamkeit und Güte; und sie waren ohne abergläubische Denkhaltung. Sie vermochten es, zwar auf Größe zu blicken und tief von ihr beeindruckt zu sein, und dennoch es einfach nur wollen, wie sie zu sein, nicht sie zu verehren, sondern auf selbstverständliche Weise zu sein wie sie.

Jene fünf haben wundervolle Dinge zu erwarten, die auf sie zukommen werden, auf persönliche und ureigenste Weise, ein Treffen, ein Ausflug.

Die Wahrheit wird nicht jedem mitgeteilt,
weil nicht jeder bereit ist, sie zu hören.

Das Buch der Bücher ist voll von Bildnissen;
dies wurde an der Menschheit verübt,
einfach um die Botschaft
"an die Leute zu bringen".

Kapitel 3

Entwickelte Tyrannen

Es gibt auch eine andere Gruppe von Wesenheiten, die man am besten als “entwickelte Tyrannen” beschreibt. Und diese Tyrannen kommen von sehr weit her. Auch sie sind hier auf eurem Planeten stationiert. Diese Wesenheiten beschreibt man am besten als entwickelte Tyrannen, technisch gesehen. Sie sind schöne Götter, aber sie sind “entwickelte Tyrannen”.

Sie waren diejenigen, die dazu verholfen haben, hier Religionen zu erschaffen. Sie haben eine Spaltung unter den Menschen geschaffen, dadurch daß sie das Konzept von Verehrung und das Konzept der Versklavung der Erbträger-Menschen <Nachkommen> eingeführt haben. Sie sind diejenigen, die das Konzept von Himmel und Hölle geschaffen haben. Sie sind diejenigen, die Luzifer erfunden haben. Sie sind diejenigen, die Jehovah hervorgebracht haben.

Sie sind Wesenheiten, die dafür gesorgt haben, daß diese Welt “die Hand gegen sich selbst richtet”. Sie haben Sklaven ausgewählt, und jene Sklaven sind bereit dazu, die Welt im Namen Gottes zu zerstören.

Diese Wesenheiten sind sehr mächtig.

Sie haben ihre Mittel, um fälschliche Vorstellungen <Mythen> am Leben zu erhalten und sie haben ihre Mittel, um abergläubische Menschen weiter in Unwissenheit zu halten. Sie haben ihre “Schachfiguren” an hohen Stellen sitzen gehabt, und sie fahren weiter damit fort, dies zu tun, an diesem heutigen Tage. Ihr Abkommen läuft mit dem letzten Papst ab. Sie sind, in der Tat, Wesenheiten, die sich darum bemüht haben, ihre Wahrheit <in den Menschen> hineinzupflanzen, nicht Erleuchtung, sondern Unterwürfigkeit.

Sie sind Sklavenaufseher.

Sie haben schon ganze Jahrtausende hindurch hier ihre Wirkungszeit gehabt, und sie nehmen außerdem auch Einfluß auf andere Zivilisationen; sie sind nicht nur hier tätig. Sie sind nicht daran interessiert, von euch etwas in genetischer Hinsicht zu nehmen; sie sind in ihren Formmerkmalen recht ausgezeichnet. Sie brauchen euch also nicht. Sie brauchen euch ausschließlich dafür, um über euch zu herrschen.

Auch sie machen eine rechtschaffene Sache *innerhalb ihres Bewußtseins,* denn ein Teil von ihnen half in der Tat, einige unwissenden Menschen <geistig> emporzuheben und weiterzuentwickeln. Wenn ich in diesem Falle hier den Begriff "Unwissenheit" benutze, dann spreche ich im Hinblick auf Evolution. Sie halfen, die ersten Dynastien in der Mongolei zu inspirieren und ehrgeizig zu machen. Sie halfen ebenfalls, die Dynastie dessen, was ihr das "Alte Ägypten" nennt, zu inspirieren und zu gründen.

Sie haben sich bemüht, die Beschaffenheit des Menschen aufzubauen, aber nur gut genug, damit dieser ihnen dienen könne. Versteht ihr? Dies ist die Art und Weise, wie die meisten unerleuchteten Eltern ihre Kinder erziehen. Sie erziehen die Kinder so, damit diese *die Eltern* stolz machen. Begreift ihr? Die Eltern indessen besitzen immer die Kinder. Jenes sind "ihre" Kinder. Sie machen "mich" stolz. Sie lassen "mich" gut dastehen. Sie sind "meine" Familie. Das ist das Bewußtsein von diesen Wesenheiten.

Das Konzept von "meine" Familie ist eine tyrannische Einstellung, die hineingezüchtet wurde von Tyrannen, welche euch als "ihre" Leute betrachten, die "sie" geschaffen haben. Weil sie sterile Zivilisationen infiltriert haben, haben sie ein Konzept von Unterwürfigkeit, Unwissenheit und Versklavung eingeträufelt.

Sie haben dreist gesagt: "Ihr werdet keine fremden Götter neben uns haben." Weil sie eifersüchtige Götter seien ... und das sind sie.

Sie haben Heilige aufleben lassen, um ihre Wahrheit weiterzutragen und sie haben Dämonen aufleben lassen, um jene Wahrheit intakt zu halten. Dann haben sie euch gesagt, daß die Dämonen angeblich die dunkle Seite des Menschen seien.

Und all das ist schlichtweg eine Widerspiegelung ihres Bedürfnisses, euch in Händen zu haben, damit ihr ihnen dient. Wenn ihr wirklich das Ausmaß wüßtet, in dem diese Wesenheiten in der Religion ihre Rolle gespielt haben, bis hin zum Hervorbringen von Hauptfiguren in der Religion, dann würden einige von euch, die weichherzig sind, die Informationen buchstäblich für tödlich befinden. Es würde große Lücken in eurer Seele hinterlassen. Es gibt keine Worte dafür, die ich einsetzen könnte, um euch zu sagen, wie einflußreich sie dabei gewesen sind, euch zu Sklaven von Dogma und anderen Dingen zu machen!

Jedwedes Individuum kann einem niedrigeren Wesen Unterwürfigkeit aufzwingen. Ganz gleich, wie erhöht eine Wesenheit ist, sie hat die Fähigkeit, den Geist von niedrigeren Wesen einzusperren in ein feststeckendes Wachstumsmuster, obgleich auch das Wesen von dem niedrigeren Evolutionsmuster nach wie vor zur Gott-Essenz gehört.

Diese Wesenheiten, von denen ich gerade spreche, sind verantwortlich gewesen für mächtige Regierungen. Sie waren verantwortlich für Julius Cäsar. Sie waren verantwortlich für den späteren Teil von Napoleons Leben. Sie waren verantwortlich für Hitler. Dies sind einige relativ zeitgenössische Figuren, aber diese Namen sind nichts im Vergleich zu dem gesamten Spektrum von Zeit.

All diese Kontrolle und Oberherrschaft hat deshalb stattgefunden, um ein "Ideal" aufrechtzuerhalten, damit euch niemals erlaubt ist, über eure Fähigkeit des Dienens hinauszuwachsen.

Eines Tages wird eine große Armada kommen, und sie wird mit einer noch größeren Armada zusammenstoßen. Und dies ist die Vision des

Krieges in den Himmeln, der schon seit langem prophezeit worden ist. Und dieser Krieg ist ein Krieg von Lichtwesen gegen Lichtwesen. Es ist die Kontrolle über euer "Krethi- und Plethi" Milieu, die auf der Waagschale liegt. Alles wegen des Bedürfnisses eines begrenzten Egos.

Diese Götter, von denen ich hier spreche, haben nach wie vor eine Wegstrecke an Evolution zu gehen. Wißt, daß man bereits bei ihnen vordringt. Sie kommen bereits zu Erkenntnissen.

Hier nun, was auf sie wartet. Wie vieles kann man erobern, bis man sich selbst zu erobern hat? Darin liegt ihr <Entwicklungs>Prozeß, wie auch der eure - sich selbst zu erobern.

Welchen Wert könntet ihr denn für sie darstellen? Ihr könnt ihnen nicht einmal im entferntesten so dienen, wie sie es von euch gerne hätten. Ihr seid nicht fähig, Raumschiffe zu bauen, die ihren Anforderungen genügen. Ihr könnt nicht die Gestalt wechseln. Ihr könnt nicht an einer Stelle unsichtbar werden und an der anderen Stelle dort drüben wieder zum Vorschein kommen. Ihr seid unfähig zu einem machtvoll konzentrierten Gedanken; ihr seid gerade erst dabei, das jetzt zu lernen. Ihr seid lediglich Spielzeug für sie!

Der "größte" Krieg, der jemals geführt wurde, war der des größten Tyrannen gegen den größten Tyrannen. Das ist immer schon die hehre Schlacht gewesen. Der Größte gegen den Größten.

Ihr tut das die ganze Zeit über in eurer Gesellschaft, und ihr haltet es für wunderbar! Ihr seid eine Widerspiegelung von ihnen und ihrem Bewußtsein. Dieses Bewußtsein wird im Image widergespiegelt. Ihre Entschlossenheit liegt indessen darin, über euch die Oberherrschaft zu haben. Und welch' größeres Ansehen, als eine Gruppe von Göttern in Besitz zu haben!

Ihr habt eine Menge Wesenheiten, die euch lieben. (Mich, im besonderen.) Und es gibt kein bedeutenderes Schwert als das Schwert der Wahrheit, Erleuchtung und des Wissens. Und ihr habt in euch die

Kapazität, ehrfurchtgebietende Wesenheiten zu sein. Wissen und Wahrheit. Der Körper, den ihr habt, in Verbindung mit einem Bewußtsein, das sich selbst auf Feineinstellung bringen kann, ist weit großartiger, als jedwedes Raumschiff, mit denen sie fahren.

Die Raumschiffe, mit denen sie fahren, das Licht, das sie erhellt, die Farbe ihrer Haut, die manchmal grandiose, manchmal furchteinflößende Erscheinung ihres Wesen, alles ist zusammengesetzt aus *einem* größeren Faktor. Und dieser größere Faktor ist das IST-Bewußtsein. Alle Wahlmöglichkeiten sind Nebeneffekte der Evolution im Bewußtsein. Alles, was ich bisher beschrieben habe, ist ganz und gar möglich als ein Weg für Gruppen von Wesen, um in ihrem eigenen Evolutionsprozeß tätig zu sein.

Die überragendsten Wesen können den Körper nehmen, genau so einen wie ihr ihn habt, und sein Bewußtsein freisetzen. Das ist Macht. Das ist mächtiger als jenes große Raumschiff, das da sitzt und das diese Welt in ein Durchcinander blasen könnte. Das ist überragender und mächtiger als jedwede interdimensionalen Raumschiffe, Waffen, Kräfte, oder Kraftfelder. Weil all jene materiellen Schöpfungen erst aus dem Bewußtsein herkommen.

Die überragendste Armee, die es je geben wird, wenn man mit Begriffen von "Armeen" sprechen muß, ist eine Armee des Bewußtseins. Weil nichts, nichts, einer Armee des Bewußtseins trotzen kann.

Was ich in meiner Schule lehre, ist etwas, was nicht einmal jene, die euch zu eurer Unterwerfung bringen würden, sich leisten können, daß ihr lernt. Denn wenn ihr Bewußtsein begreift, wenn ihr euch dessen gewahr sein könnt, was ihr seid, werdet ihr niemals beherrscht werden.

Ihr sollt wissen, daß diese Wesenheiten Schritte in der Evolution gemacht haben wegen ihrer Umwelt. Sie sind äußerst technisch begabt. Sie verstehen Materie und Antimaterie. Und sie verstehen Schwerkraft und Antischwerkraft. Sie verstehen Bewußtsein und Unterbewußtsein insofern, daß es Antimaterie herstellt. Wißt ihr nicht, daß Leben, das unsichtbar werden und wieder zum Vorschein kommen kann, angewandte Antimaterie ist? Aber was ist Antimaterie? Bewußtsein.

Sie sind also nur so grandios, wie ihre Fähigkeit, mit Materie umzugehen.

Die überragendste Macht liegt im Bewußtsein. Bewußtsein ist das, was Materie hervorbringt. <Materie wird durch Bewußtsein geschaffen>

Ihr habt die Kapazität zu lernen, euch zu erweitern und auf dem Licht zu reiten, im Bewußtsein hinauszugehen außerhalb eures Geistes <mind: auch "menschliche Geisteskraft">. Und wenn ihr das zu tun vermögt, dann gibt es kein Raumschiff, das eure Spur finden könnte. So schnell können sie sich nicht fortbewegen! Sie können euch nicht finden. Wußtet ihr, daß es hier nicht einen von euch Lesern gibt, oder eines von jenen Wesen, die meine Tochter finden könnten, sobald ihr Bewußtsein fortgeht und ich <durch ihren Körper> spreche? Es gibt niemanden, der sie finden kann, wenn sie weg ist, denn sie geht zu dem Licht im Bewußtsein.

Nun, laßt uns darauf zurückkommen, wie ihr jenen Wesen, die ich gegenwärtig erörtere, dient. Ihr "dient" ihnen auf vielseitige Weise. Diejenigen, von denen ich gesprochen habe, nämlich die mit dem "begrenzten Ego"-Problem, die Eifersüchtigen, stehen im Begriff, umgewendet zu werden. Das hat bereits in der Bestimmung stattgefunden. Ihr lebt in dem Rückstand der Zeit; ihr lebt noch immer in der <Zeit->Spirale, wie sie sich gerade zu Ende spielt. Aber es hat bereits stattgefunden!

Ich will volles
Bewußtsein!

Wenn ihr euch wie ein Opfer benehmt,
werdet ihr als ein solches behandelt werden.
Es ist in dieser Hinsicht ziemlich wie das Leben.

Bringt Liebe hervor und man wird euch auf
gleicher Ebene gegenübertreten.
Zeigt ihnen euer Haus,
und sie werden euch ihres zeigen.

Hab ich immer
gemacht !!

Kapitel 4

Licht zieht Licht an.
Gleiches zieht Gleiches an.

Ich weiß, all dies klingt unglaublich. Einige von euch werden es glauben, daß mit euch Kontakt aufgenommen worden ist; ihr könnt die Wahrheit dessen in euch fühlen. Und einige von euch wissen, daß ihr größeren Wert besitzt, als nur "Staub, der zu Staub wird"; ihr könnt es akzeptieren, daß ihr wertvoller seid als euer Dung und Urin. Aber ist es euch möglich zu glauben, daß euch wahrhaftig niemand mit einer großen Schaufel zusammenkehren und euch zu einem anderen Universum bringen will? Ihr würdet einen fürchterlichen menschlichen Pilaw hergeben!

Diese Wesenheiten verzehren Wahrheit und Wissen. Sie verzehren kein Fleisch. Die kleinen Wesen mit den großen Augen, die hinter euch her sind, essen nicht. Sie haben sich über Lippen hinausentwickelt. Sie küssen nicht, folglich sind sie nicht dahinter her! Sie formulieren keine Worte, also brauchen sie auch keine Lippen. Sie sprechen nicht, sondern ihre Kommunikation erfolgt aus ihrem Bewußtsein heraus, nicht aus ihrem Mund.

Sie tragen keine Ohrringe, also brauchen sie auch keine Ohren. (Die nächste Generation dort, geboren von euren Frauen, wird ohne Zweifel verlängerte Ohrläppchen und sehr große Ohren haben. Sie werden sie brauchen, um Löcher in sie zu bohren. Das ist der einzige Grund, daß sie dort sein werden; um sie zu dekorieren!)

Diese kleinen Wesen hören nicht mittels Laut, so wie ihr Tonklänge wahrnehmt. Wenn ihr nur hören könntet, wie sie euch hören. Ihr klingt wie ein sehr leiser Motor. Das ist es, wie ihr für sie klingt. Sie müssen euch nicht sprechen hören. Sie hören die Schwingung, die hinter dem Ton einhergeht, also brauchen sie keine Ohren.

Sie legen keinen Wert auf Haare, also brauchen sie sie nicht. Sie würden nur im Weg sein. Sie nehmen Zeit in Anspruch. Haar wurde geschaffen, um euer Gehirn vor der Sonne zu schützen und um Leben zu verhüllen. Jetzt wird es dazu geschaffen, um all diese Dinge damit anzustellen; es nimmt Stunden eures Tages in Anspruch, um etwas mit dem Schlamassel zu machen.

Verglichen mit euch sind diese kleinen Wesen wahrlich überdurchschnittliche Leute. Ihr seid einfache Leute, in dem Prozeß, etwas zu verstehen, somit gebt ihr hervorragende Exemplare <Muster> ab. Sie verstehen das, und sie werden mit euch sprechen. Ihre Göttin ist ziemlich außergewöhnlich; nicht das, was ihr als absolut schön bezeichnen würdet, aber nichtsdestoweniger außergewöhnlich.

Je mehr ihr euch zum Einsatz bringt, desto bewußter sind sie. Licht zieht Licht an. Gleiches zieht Gleiches an. Es bringt sich selbst in Gleichstellung.

Ihre Raumschiffe widerstehen der Schwerkraft. Sie können einfach dort am Himmel sitzen. Sie haben keine Flügel. Sie schlagen nicht mit den Flügeln wie ein Vogel. Diese Leute besitzen die Fähigkeit, die Illusion zu erzeugen, daß ihr nach wie vor in einem Zimmer sitzt, während ihr in Wirklichkeit bei ihnen seid!

Ich könnte euch eine Menge Dinge darüber erzählen, wie die von euch bezeichneten "Außerirdischen" Zivilisationen inspiriert haben, und was sie mit Zivilisationen gemacht haben. Aber es gibt nur eine entscheidende Sache, die ich euch vermitteln muß. Sie sind eure Brüder und Schwestern. Ganz gleich wie sie aussehen, sie sind dennoch Gott, und in ihrem Innern regiert eine Seele. Sie besitzen einen grandiosen

Geist <spirit: göttlicher Geist>, der übereinstimmend ist mit eurem Licht.

Ihr seht einfach verschieden aus, das ist alles. Eure Körperfunktionen sind verschieden. Eure Bedürfnisse sind verschieden. Euer Überleben ist verschieden, weil eure Atmosphäre von ihrer verschieden ist. Eure grundsätzliche mineralische Zusammensetzung der körperlichen Masse ist verschieden von ihrer. Die überwiegende Mehrheit von ihnen kann nicht in eurer Umwelt leben. Es funktioniert nicht für sie. Sie atmen nicht Sauerstoff.

Einige Wesen können atmen, weil sie sich anpassen können. Sie sind die Großen Götter, die Engel, die Lichtwesen. Sie sind anpassungsfähig, weil ihre gesamte Lebenskraft die Lebenskraft ist. Ihre Lebenskraft ist nicht von mineralischer Zusammenstellung. Sie ist nicht Gase. Sie ist die LEBENSKRAFT selbst.

Ihr werdet zwei verschiedene Raumschiffe an euren Himmeln sehen. Eines wird von blutigem Orange sein, ein rostiges blutrotes Orange. Dies ist die Farbe, wenn es schwebend hängt, aber es birst in ein brillant strahlendes Licht aus sobald es beginnt, die Form zu wechseln. Ihr werdet jene an eurem Himmel erscheinen sehen. Das blutrote Raumschiff gehört den kleinen Leuten. Wenn ihr es seht, dann erinnert euch an die Augen. Und erinnert euch daran, wie zerbrechlich sie sind. Wenn ihr euch von ihnen ein geistiges Bild macht und es ihnen im Bewußtsein sendet, dann werdet ihr mit ihnen auf einer freundlichen Basis in Kontakt treten.

Denkt daran, sie sind sehr "steril". Sie lachen nicht und sie erzählen euch keine Witze. In dieser Schar gibt es keine Komödianten. Sie sind sehr präzise. Sie machen die Dinge kurz und bündig, weil sie selbst kurz und bündig sind! Sie sind sehr geschäftsmäßig. Aber nichtsdestoweniger werden sie mit euch in Kontakt treten. Sie landen vielleicht nicht sofort. Sie werden in ihrem Raumschiff um euch herumkreisen und euch eine Weile beobachten. Aber wenn sie der Ansicht sind, daß ihr "echt" seid, dann werden sie den Kontakt mit euch herstellen.

Jenes sind die kleinen Leute.

Das Raumschiff, das meinen Leuten gehört ist ehrfurchtgebietend, und es mag sein, daß ihr es seht. Und diese Wesen von Licht! Ihr werdet ihr Licht schweben sehen. Und ihr mögt eines Morgens aufwachen und ein Licht vor eurem Fenster stehen sehen, das zu euch hereinsieht. Jenes sind meine Leute.

Von der anderen Hauptgruppe, von der wir hier sprechen, die roten und grünen, werdet ihr nicht allzuviel physisch sehen. Sie sind die Herrscher über Unterwürfigkeit, die Großen Tyrannen. Ihr werdet sie nicht an euren Himmeln sehen.

Die Explosion der grünen Feuerbälle in eurer Stratosphäre wird fortgeführt. Und dies ist einfach das Verfahren des ununterbrochenen Klärens und Reinigens eurer Atmosphäre, ein Verfahren, das von meinen Leuten durchgeführt wird.

In der kommenden Zeit wird es nicht ungewöhnlich für euch sein, daß ihr zum Himmel hinaufschaut und Raumschiffe seht, die gleichzeitig nebeneinander erscheinen. Sie werden sich trennen, um in verschiedene Richtungen zu gehen, und dann scheinen sie aus dem Himmel herauszufallen. Oder, während ihr die Straße hinunterfahrt, seht ihr vielleicht ein pulsierendes Licht.

Jenes werden die einzigen Raumschiffe sein, die ihr hier sehen werdet. Und es gibt nichts, wovor ihr euch bei ihnen fürchten müßtet, außer <vor eurer> Unwissenheit.

Wenn ihr euch wie ein Opfer benehmt, werdet ihr als ein solches behandelt werden.

Wenn ihr Bewußtsein begreift und wißt, wer ihr seid, wird man euch auf gleicher Ebene gegenübertreten. Wenn ihr euch wie ein Opfer benehmt, werdet ihr als ein solches behandelt werden. Es ist in dieser Hinsicht ziemlich wie das Leben.

Wahrheit ist Wahrheit, ungeachtet der Farbe ihrer Haut, ungeachtet dessen, wie sie aussieht. Wahrheit ist Wahrheit. Bewußtsein ist Bewußtsein. Und jenes sind Dinge, die ihr gelernt habt, die in deren Wahrheit <der Wahrheit der außerirdischen Wesen> auch gleichbedeutend sind. Verhaltet euch wie ein Gott und ihr werdet wie ein Gott behandelt werden. Man nennt das "Angleichung" ... "Gleichstellung". In Einklang stellender Magnetismus. Verhaltet ihr euch wie ein Opfer, werdet ihr wie eines behandelt. Das ist die Weise, wie es ist.

Bringt Liebe hervor und man wird euch auf gleicher Ebene gegenübertreten. Zeigt ihnen euer Haus, und sie werden euch ihres zeigen.

Am Ende dieses nächsten Jahrzehnts - dieser tumultartigen Zeiten - werdet ihr all dem, worüber ich spreche, mehr und mehr gegenübergestellt werden. Und ihr solltet dem gegenübergestellt werden. Es ist notwendig, daß ihr es werdet. Es wird sogar jetzt schon in die Wege geleitet. So, wie ihr mehr Informationen darüber erhaltet, wer sie sind und was sie vorhaben, so wird euer Geist für Möglichkeiten geöffnet werden.

In eurem Reifungsprozeß lernt ihr zuerst, auf eurem Bauch zu liegen und herumzuwackeln. Schon bald bekommt ihr unterhalb einen kleinen Impuls und ihr lernt zu krabbeln. Und nachdem ihr zu krabbeln gelernt habt, fangt ihr an, euch selbst hochzuziehen. Und nachdem ihr das getan habt, lernt ihr zu gehen. All diese Dinge sind gleichbedeutend mit einer Lernerfahrung, und bei einer Erfahrung mit euren Brüdern handelt es sich um den gleichen Prozeß. Denn dies ist es, wie es geschehen muß; nach und nach wächst das Wissen.

Ihr werdet lernen, mit diesen Leuten eine Verbindung zu haben, die so natürlich ist wie das Atmen, und ihr werdet es in kleinen Dosierungen lernen. Ihr werdet Wissen erlangen, und das Wissen wird die Wirklichkeit erschaffen. Die Wirklichkeit wird die sich öffnende Türe sein, die es euch erlauben wird, euch selbst zum Einsatz zu bringen. Ihr werdet euch genau nach eurer Wissens-Fähigkeit zum Einsatz bringen; nicht mehr als das; bis auf jene fünf, die ich vorher bereits erwähnte. Der nächste Kontakt für diese fünf wird sogar auf einer noch grandioseren Stufe stattfinden.

Schließlich werdet ihr eines Tages alle "eingewöhnt sein", wie man so sagt; ihr werdet alle an Außerirdisches gewöhnt sein, bis all dies dann etwas Normales ist. Und sobald es normal ist, ist es Wirklichkeit. Dann könnt ihr zur Schule gehen, und mehr Abenteuer haben, und euch großer Technologien gewahr werden. Wir werden eine großartige Gelegenheit dazu haben als Teil dieser Evolution.

Wenn jemand sagt, daß er eine kurze Begegnung hatte, glaubt demjenigen! Das Problem ist euer launenhaftes Wesen. Ihr wollt dem Erlebnis eines anderen keinen Glauben schenken, lediglich deshalb, weil nicht ihr das Erlebnis hattet. Aber ich sage euch, viele, viele Leute, die genau jetzt dieses Buch in ihren Händen halten, werden Erlebnisse haben. Und das Weiseste und Klügste, was ihr machen könnt, besteht darin, dem zuzuhören, was eure Freunde euch erzählen, denn ihr könnt eine Menge durch ihr Erlebnis lernen.

Dies hier ist kein Wissen für das Konzept des Unglaubens. Alle Dinge existieren. Wenn ihr ein Buch mit all jenen Tatsachen zusammenstellen könntet, die deshalb verworfen wurden, weil sie nicht dem christlichen Glauben entsprachen, dann würde es niemals diese Dichotomie <Gliederung in Begriffspaare> von Glaube und Unglaube geben.

Es wäre weise von euch, falls ihr Teil dieses Fortbestehens sein wollt, alles was ihr könnt, über dieses Phänomen herauszufinden. Einige von euch werden unglaubliche Erfahrungen machen. Erlaubt ihnen unglaublich zu sein! Und wenn ihr keine Worte dafür habt, um es irgendjemandem mitzuteilen; das ist nicht wichtig. Was wichtig ist, besteht darin, daß ihr daraus *lernt*.

Was wir bis hierhin getan haben, ist, einige Dinge für euch genau zu erklären. Im nächsten Abschnitt werdet ihr erfahren, was eure Regierung weiß. Es ist für euch notwendig zu wissen, daß eine ungeheure Verschwörung am Werk ist. Eure Regierung hat diese Nachrichten, die ich euch mitteile, bereits gehört, aber ihr solltet wissen, daß eure Brüder dort an den Himmeln, die darauf warten, euch zum Einsatz zu bewegen, sie auch gehört haben.

Wenn ihr draußen sitzt und zum Himmel emporschaut, denkt daran, daß die Triade das Symbol ist, das durch die Dimensionen hindurch verbindet. Wenn ihr ein Bildnis hinauszusenden wünscht, dann sendet das Bildnis der Triade hinaus. Es wird eure Begegnungen beschleunigen. Vor allen Dingen laßt eure Gedanken mit euren "Wünschen" in Einklang sein. Dann werden eure Wünsche in Einklang sein mit eurer Wirklichkeit. Und eure Wirklichkeit harmonisiert die Wirklichkeiten, die mit euren Wünschen in Einklang sind. Wenn ihr euch dann zum Einsatz bringt, werdet ihr zum Einsatz gebracht. Dies ist es, wie es funktioniert.

Es war nie wichtig, was ihr tatet,
sondern das,
was ihr wart und seid.
Und niemand wird euch je so lieben,
wie ihr euch selbst durch all die Schleier hindurch
lieben werdet.

Kapitel 5

Was eure Regierung weiß. Und was sie euch glauben machen wollen, daß sie wissen.

Eure Regierung ist eine sehr prekäre Institution. Eure Regierung besitzt schon seit der Jahrhundertwende das Wissen über Antischwerkraft.

Bereits zu der Zeit, als sich noch Pferde anstrengten, die Kutschen zu ziehen, mit wenig Auswirkung auf die Umwelt, gab es zur Zeit der Jahrhundertwende Wissenschaftler, die vollständig unterrichtet waren über die Geheimnisse einer sehr geheimen Gesellschaft, welche die Alchemie der atomaren Ebenen verstand. Diese geheime Gesellschaft verstand Magnetismus auf vollständige Weise; sie verstanden $E=mc^2$, also das Licht im Quadrat reziprok genommen <siehe auch Einsteinsches Äquivalenzgesetz>. Und der brillanteste und scharfsinnigste dieser Leute war eine Wesenheit namens Tesla.

Dieser geniale Mann war Teil einer Gesellschaft, bestehend aus Personen, die dazu herangezogen wurden, an die Zivilisation nach und nach technisches Wissen und technisches Verständnis weiterzugeben. Diese Informationen wurden weitergegeben, um es der Zivilisation zu ermöglichen, sich technisch weiterzuentwickeln. (Ihr hattet die ganzen letzten zwei Jahrtausende hindurch brillante Leute, die der Menschheit geholfen haben, sich weiterzuentwickeln.) Das einzige Problem tritt dann auf, wenn Könige und Regierungen solche Personen ausfindig machen. Sie beschlagnahmen deren Unterlagen und halten die Personen gefangen, um deren Wissen aus ihnen herauszubluten. Jenes schreckliche Verfahren der Regierungseinmischung und der Machthändlerei hat sich durch die ganze Historie hindurch wahrhaftig in keinster Weise geändert.

Eure Regierung hatte bereits zur Jahrhundertwende Luftfahrtschiffe. Es handelte sich im einzelnen nicht um große, aber dennoch, sie hatten sie. Wißt ihr, daß jene Gebrüder, die genau auf dem richtigen Weg waren, Wesenheiten waren, die das konventionelle "Vogelfliegen" erfanden? Man willigte ein zu gestatten, daß jene Entdeckung in Kraft treten dürfe, als das "erste" Luftfahrtschiff. Dieses Wissen war jedoch schon seit langer Zeit vorhanden gewesen.

Wenn man Materie und Antimaterie begreift, und wenn man versteht, wie Materielinien sich überkreuzen und wie man den Materiewirbel erzeugt, dann wird man auch verstehen, wie man durch Antischwerkraft antreibt. Diese Information ist schon immer hier gewesen. Es ist das, woraus das Universum zusammengesetzt ist. Es ist das, was diese Erde ausmacht. Menschen von großem Geist, die das geheime Wissen gehabt haben, haben es seit Jahren in Form von Legenden weitergegeben.

Die Regierungen eurer Welt haben an diesem Betätigungsfeld weit spezifischeres Interesse gezeigt während des Krieges, der die Nummer Zwei hat, als der Tyrann in Europa war.

Seine Legionen hatten Luftfahrzeuge entwickelt, die jenen ähnlich sind, von denen ihr meint, daß ihr sie gerne sehen möchtet. Diese Luftfahrtschiffe wurden unter dem Symbol des Zirkons geführt, welches das Hakenkreuz ist. Dieses Symbol stand angeblich für die Illuminati <die Erleuchteten>, und bei den Illuminati mußte es sich, so wie dieser Tyrann es sah, um die höhergestellte Rasse handeln.

Dies war, und ist, ein scheinheiliges, versklavendes, tyrannisches Konzept. Es ist die Prostitution einer größeren Wahrheit dessen, was die Illuminati wirklich waren. Diese erleuchteten Menschen reichen in eurer Geschichte Tausende von Jahren zurück. Sie waren die Träger von Wahrheit und Technologie; und es war ihre Aufgabe, im Lauf der Zivilisation eine bestimmte Menge an Technologie auszusäen, je nach der Evolutionsfähigkeit der kollektiven Zivilisation zu dem jeweiligen Zeitpunkt.

Wenn ich von dieser speziellen Zivilisation spreche, laßt mich ganz klar machen, was ich meine. Hinsichtlich eurer christlichen Auffassung von "v.Chr." und "n.Chr." begann diese Zivilisation etwa 5000 v.Chr. und führt sich bis heute fort. Allgemein gesprochen ist diese gesamte Zivilisation, eure Zivilisation, sehr zurückgeblieben und langsam gewesen im Hinblick auf das, was man als technische Fähigkeiten und Eigenschaften betrachtet. Die Illuminati waren, und sind, eine außergewöhnliche Gruppe von Leuten, die als "die Alten" bezeichnet wurden, und sie besitzen die Geheimnisse über alles vom Universum. Jenes Wissen wurden an bestimmte Personen weitergegeben. Eine brillante Wesenheit, Tesla, ließ eurer Regierung die Befähigung zukommen, Antischwerkraft zu haben. Antischwerkraft wird erreicht auf einer Netz-Linie <grid-line; auch Gitterlinie>. Indem man ein Vakuum bei Null Grad erzeugt, erzeugt man Antischwerkraft, und diese kann auf dem Licht reiten!

Nun das Vakuumsystem wird, wie es jeder hier technisch wissen sollte, mit Magneten erzeugt. Also, der Tyrann des Zweiten Krieges hatte Raumschiffe, denn auch er hatte Zugang zu dem Wissen bekommen, und zwar indem er den Illuminati das Versprechen gab, daß er diese Information nehmen und die Welt damit erleuchten würde.

Was sich statt dessen ereignete, ist das, was dann geschieht, wenn Wahrheit auf jemanden trifft, der sich nicht im Bewußtsein zum Einsatz bringt, sondern ein Image trägt. Und was unglücklicherweise passierte, war, daß der Tyrann ein persönliches Bedürfnis danach hatte, die Welt zu beherrschen, um sein begrenztes Ego zu verherrlichen.

Also mußte er untergehen.

Man vernichtet nicht Menschen, um Macht zu erlangen. Und dies ist es, was diese Wesenheit in großem Ausmaß tat.

Nun, eure Regierung beschlagnahmte sehr wichtige Dokumente von diesem Tyrannen. Und sie nahmen auch große Denker aus seinem Land in Gewahrsam und aus dem Land des Bären, genannt Rußland. Diese Menschen von großem Geist, die eure Regierung in Gewahrsam nahm, waren Teil der Erbträger-Leute <Nachkommen> von den Illuminati. Man hat sie in euer Land mitgenommen, damit sie daran arbeiteten, die Eroberung der Schwerkraft vorwärtszubringen.

Anfang 1900 bis Mitte 1900 besaß eure Regierung bereits die Fähigkeit, Materie zu transmutieren <umzuwandeln>. Sie hatten bereits mehrere Experimente durchgeführt, bei denen sie große Eisen-Schiffe von einem Stützpunkt zu einem anderen transportierten.

Sie setzten das sogar bei einem Kampfschiff in Kraft, das vollständig mit Waffen und Menschen beladen war. An seiner Unterseite hingen Generatoren, die eine magnetische Kraft erzeugten, diese wiederum erschuf das Vakuum, dieses erzeugte dann die Temperatur von Null Grad, wodurch es möglich wurde, im Nu die Schwingungszahl des gesamten Schiffes und der Besatzung zu erhöhen, und sie zu einem anderen Ort und einer anderen Zeit zu transportieren!

Sie waren sehr erfolgreich damit. Unglücklicherweise sind die Leute, die an dem Experiment teilhatten, weggesperrt und festgehalten worden, ihre Geisteskraft zerstört worden, um sie vom Sprechen abzuhalten.

Eure Regierung hat seit der Zeit ihre eigenen Luftfahrtschiffe entwikkelt. Eure Regierung besitzt die Kapazität, der Schwerkraft zu trotzen. Eure Regierung besitzt die Kapazität, in einer geraden Linie auf einer Energielinie zu reisen, die sie selbst erzeugen. Und wenn das auch phantastisch klingt, ist ihre Fähigkeit dennoch sehr begrenzt. Eure Regierung hat Fähigkeiten, von denen ihr nichts wißt, aber diese sind dennoch begrenzt.

Es gibt noch mehr, was eure Regierung getan hat. Sie sind sogar noch weiter gegangen. In dem Bemühen, ihre eigenen Raumschiffe zu vervollkommnen, haben sie die Raumschiffe eurer Brüder genommen und behalten; jene Raumschiffe nämlich, die in eurer Stratosphäre kollidiert und in Stücke gebrochen sind. Sie haben auch die Körper von einigen eurer Brüder aus einer anderen Welt, Körper, die sie aus jenen Raumschiffen geborgen haben. Und mittels Technologie und alter Alchemie waren sie fähig, einige eurer bekannten Metalle zu transmutieren, und zwar jene, die die Grundlage von Meteoriten bilden. Sie haben gelernt, bestimmte Metalle hin zur Übereinstimmung zu transmutieren, um ihre Raumschiffe besser zu perfektionieren.

Eure Regierung ist sich dessen sehr bewußt, daß ihre Erde unter Belagerung steht. Und daß sie beobachtet wird.

Eure Armee verweigert euch die Tatsachenberichte bezüglich solcher außergewöhnlichen Wesen. Und jeder, der entweder auf ein Regierungs-Raumschiff oder auf jene von der anderen Welt traf, ist ständig in der Öffentlichkeit gedemütigt worden.

Nun, warum sollte eure Regierung das tun wollen, wenn sie doch gleichzeitig euer ganzes Geld dafür ausgeben, diese Shuttle-Rakete zu erschaffen zu suchen?

Ihr müßt jenes Bewußtsein verstehen. Sie haben immer auf erfolgreiche Weise Kontrolle über euch gehabt, indem sie euch alle gemeinschaftlich für irgendein wundervolles Ziel arbeiten ließen. Und dieses spezielle, verheißene, wundervolle Ziel hier wird ein kollektiver, wirtschaftlicher Zusammenschluß im Weltraum sein. Sie werden euch sagen, daß dies medizinische Heilmittel hervorbringen wird, die Krebs heilen werden, und medizinische Heilmittel, die eure AIDS-Seuche heilen werden. Sie werden euch sagen, daß ihr arbeiten müßt, um ihre Missionen zu unterstützen, weil dies ihnen gestatten werde, herrliche synthetische Stoffe zu erzeugen, die euer Leben versüßen und bequemer machen werden, während sie zugleich der Erde helfen. Was immer es braucht, werden sie euch erzählen!

Dies ist die Weise, wie sie euch weiter arbeiten lassen, mit eurem Rücken gebeugt. Dies ist die Weise, wie sie euch weiter Steuern zahlen lassen, euch bluten lassen für Dollars, die einem Programm zugeführt werden, das all diese <Regierungs>Leute unterstützt, damit sie bezahlte Stellen haben, wodurch eure Regierung ihre Amts-Macht beibehält und der Brennpunkt eurer Aufmerksamkeit weiter unscharf bleibt!

Sie benützen dieses Ziel wie eine Mohrrübe, die sie vor euch hin und her baumeln, und die ganze Zeit über sind sie schon im Nu auf dem Mond und wieder zurück gewesen.

Was werden sie wohl mit euch machen? Wie werden sie es euch erklären, daß ihr Verfahren sehr einfach ist? Daß es nicht einmal viel Geld von euch erfordern würde? Wie werden sie euch weiter an die Kandare nehmen können? Wie werden sie über euch Kontrolle haben, wenn sie euch nicht mehr besteuern können?

Wacht auf!

Nun, obwohl eure Regierung einige schlaue Tricks gelernt hat, weiß sie nicht, wie man Zeit kontrolliert. Sie haben eine Menge kleiner Projekte gehabt, die einfach entschwanden. Puff!

Laßt mich euch etwas fragen. Was macht eine lineare Person mit linearer Zeit, wenn es so etwas wie Zeit überhaupt nicht gibt? Und eure Regierung wird nicht in der Lage sein, in Besitz dieses Geheimnisses zu gelangen. Also werden ihre kleinen Projekte sich hin und her bewegen, auf einem Lichtstrahl. Vor und zurück.

Ihre Projekte werden es noch lange nicht schaffen, zu dem feurigen Planeten zu gelangen. Eure Regierung macht damit weiter, ihre kleinen Projekte loszusenden zur Entdeckung des Weltraums. Sie explodieren im Nu und sind weg. Und erst nach zwei oder drei Jahrhunderten werden diese wieder zum Vorschein kommen, denn sie wissen nicht, wie man Zeit kontrolliert. Und bevor man nicht versteht, wie man Zeit kontrolliert, nützt es wirklich nichts, wie gut man die Schwingungsstufe erhöhen und ein Schiff <bzw. Flugzeug> an irgendeinem anderen Ort absetzen kann.

Laßt uns diese heikle Sache betrachten. Wenn ihr niemals jenseits der Sonne gewesen seid, wie könnt ihr die Koordinaten festlegen, um euch überhaupt dorthin zu bringen? Wenn ihr ratet und Koordinaten festlegt, um jenseits der Sonne zu gelangen, und ihr, um dorthin zu gelangen, dabei den Hyperraum auswählt, werden eure Schöpfungen verschwinden, nun gut. Und, innerhalb des Zeitstroms, werden sie von da an zwei oder drei Jahrhunderte später wieder zurück sein. Und sie werden in eurem Vorhof landen!

Eure Regierung fliegt ihre Raumschiffe über den ganzen Himmel, und sie hält ein wachsames Auge darauf, wer sie sieht und wer sie nicht sieht. Es gibt eine Menge unschuldiger Leute, die Lobotomien haben <= Leukotomien = operativer Eingriff bei dem Nervenbahnen, die vom Stirnhirn zu anderen Teilen des Gehirns ziehen, durchtrennt werden. Folge davon sind hirnorganische Ausfälle und somit die Verminderung der Denkfähigkeit>. Bei vielen Leuten, die zufällig zum Himmel hinaufgeschaut haben, ist deren Leben danach für immer geändert worden. Sie erleiden Amnesie; sie erinnern sich nicht mehr viel an überhaupt irgend etwas, und alles deswegen, weil sie die Erfahrung von Regierungsprojekten gemacht haben.

Persönlich gesagt, ich bin nicht sehr beeindruckt, weder von der Ausrüstung eurer Regierung, noch von ihrem Geisteszustand, mit dem sie die Technologie erschafft. Und ihr müßt verstehen, daß ihnen nur genug Information gegeben wurde, um damit Spielzeug herzustellen. Oh sicher, es ist wundervoll, daß sie die Fähigkeit haben, in gewisser Weise Materie zu transmutieren. Aber sie können "Zeit" nicht außer Kraft setzen. Und das ist ihre größte Herausforderung.

Solltet ihr also eurer Regierung und euren Dollar-Steuern dankbar sein wollen, seid lieber der Zeit dankbar. Dies ist die einzige "Zeit", daß ihr über Zeit glücklich sein solltet!

Die Grauen Männer (Tyrannen, die das Geld der Welt unter Kontrolle haben usw.) denken wohl, daß sie mit diesem Ding auf die dunkle Seite des Mondes hinausfliegen können, falls die Zeiten rauh werden. Sie denken wohl, daß sie nach zwei oder drei Jahrhunderten zurückkommen können, wenn ihre Schatzanweisungen keinerlei Bedeutung mehr haben. Das ist ein Insider-Witz. Ihr müßtet einiges von meinem anderen Material lesen, um jene Bemerkung zu verstehen, und ich empfehle euch, dies zu tun.

Eure Grauen Männer sind sich der wirklichen Leute dort an euren Himmeln sehr bewußt. Ihre Fähigkeit zur Verschleierung ist jedoch so gewaltig, daß sie die Beobachter davon überzeugen können, daß sie in einem Zustand von Hysterie gewesen seien und überhaupt nicht gesehen hätten, was sie zu sehen glaubten. Sie <die Grauen Männer> wissen nicht nur, wie man das macht, sie haben es auch immer und immer wieder getan. Die mächtigsten Leute in dieser Welt haben ein großes Raumschiff gesehen und sind in Ehrfurcht davor gewesen. Und einige von den Dummen dachten sogar daran, wie man es abschießen könnte, und sie schickten ihre kleinen Luftfahrzeuge los, die es herumjagen sollten.

Nun, ihr könnt diese Raumschiffe nicht abschießen, weil ihr technisch noch nicht dazu ausgerüstet seid, um dies zu tun. Ihr habt nicht die Macht dazu. Es gibt Geheimnisse, die von den Weisen niemals herausgegeben wurden. Sie halten immer noch viele zurück. Es liegt eine große Absicht und ein großer Grund für diese wundervollen, erleuchteten Wenigen vor, die mit technischem Genie und Sachverstand beschenkt worden sind. Wesentlich ist, sie verstehen Magnetismus, Schwerkraft und Antischwerkraft. Sie sind sehr vorsichtig diesbezüglich, wie dieses Wissen bekannt wird, und sie haben es im Interesse von euch getan, daß sie nicht zuließen, daß je die ganze Wahrheit über Physik und Mathematik herausgefunden würde, nicht einmal von einem Computer.

Der Grund dafür, daß sie so vorsichtig sind, ist sehr offensichtlich. Die Art von Information, die sie besitzen, könnte sich in den Händen einer Regierung mit einem zurückgebliebenen Bewußtsein verheerend auswirken. Und wieder einmal könnte noch eine Zivilisation mehr untergehen.

Hier nun das, was für euch von persönlicher Bedeutung ist. Wenn ihr mit einem Regierungs-Raumschiff in Berührung kommt, werden sie etwas gegen euch unternehmen. Wenn ihr mit einem Bruder vom Weltraum Kontakt aufnehmt, wird auch da eure Regierung versuchen, euch ausfindig zu machen, weil eure Regierung Raumschiffe aufspürt. Sie sind sich sehr bewußt, wo diese sind. Sie spüren die Koordinaten auf, wenn sie an ihnen <den Raumschiffen> dranbleiben können. Aber es wird zunehmend schwieriger für eure Regierung, jede einzelne Person aufzuspüren, die ein Erlebnis hat, weil jetzt so viele Kontakte vor sich gehen. Zu viele Leute gibt es jetzt, die irgendeine Erscheinung beobachtet haben oder ein Erlebnis hatten.

Wenn eure Kontakte mit euren Brüdern vom Weltraum stattfinden, und zwar deshalb, weil ihr es miteinander auf absichtsvolle Weise zum Einsatz gebracht habt, dann ist dies so, daß ihr eine außergewöhnliche Gelegenheit habt, um Wissen in seiner höchsten Form bei der Arbeit zu beobachten.

Ihr werdet ein Luftfahrzeug sehen, das kein ersichtliches internes Triebwerk hat. Ihr werdet etwas sehen, das einfach über eurem Kopf "sitzen" kann und kein Geräusch macht. Könnt ihr euch vorstellen, eines zu erleben, mit einem zu fliegen, Teil von einem zu sein?

Die meisten von euch könnten nicht in einem fliegen, weil euer Gleichgewichtssinn die Lichtgeschwindigkeit nicht aushalten könnte. Euer Gleichgewichtsmerkmal und die Art, wie euer Körper physisch zusammengestellt ist, würde es nicht vielen von euch gestatten, die unabhängigen Gesetze, mit denen jene während des Fluges leben, auszuhalten. Sie machen eine rechtwinklige Wende in einer solch schnellen Bewegung, daß es völlig verschwommen aussieht. Ihr könntet nur auf lineare Art und Weise fliegen und indem ihr große herumschwenkende Kreise durchführt. Oder ihr könntet eventuell nach oben gehen. Aber nicht zu schnell. Oder nach unten. Aber nicht zu schnell. Denn eure Umwelt hat euch nicht abgehärtet für dieses Fehlen von Einschränkung. Aber es wird Gelegenheiten geben, um ein großes Raumschiff mitzuerleben, ein Raumschiff, das den Ausgleich für euch herstellen und euch sehr langsam mitnehmen wird.

Bekommt jetzt aber nicht die Idee, daß ihr irgendwohin gehen werdet. Ihr werdet nicht zu einer anderen Galaxie sausen, um dort auf immer und ewig glücklich zu leben. *Das* ist nicht der Himmel.

Es geht schlichtweg darum, daß ihr euch lediglich zu einem Punkt hinentwickeln werdet, an dem ihr würdig seid, diese Erfahrung für euch selbst zu machen und damit eure Kinder diese Erfahrungen in ihrer Zukunft machen können. Es gibt wirklich nichts, was eure Regierung dagegen machen könnte, absolut gar nichts. Denn wenn jene Leute mit euch Umgang haben möchten, dann werden sie mit euch Umgang haben. Und da gibt es nichts, was ihre grandiosen Raumschiffe stoppen könnte.

Aber hier geht es nicht und sollte es nicht um eine Romanze mit einem Raumschiff von Licht gehen. Es sollte eine Romanze mit dem Wissen sein. Das ist es, worum es gehen sollte. Eure Liebesgeschichte sollte sich darauf beziehen, das Wissen und die technischen Fähigkeiten zu haben, um die damit in Zusammenhang stehenden Gesetzmäßigkeiten zu verstehen. Ihr solltet lernen, zentrifugale Kraft zu verstehen und auch Schwerkraft und Antischwerkraft zu verstehen. Das ist es, worum es sich bei der Romanze handeln sollte!

Erinnert ihr euch an die Geschichte von dem Zaubergeist und den Wünschen, die ich euch vorher einmal erzählte? Wenn ein Zaubergeist vor euch erscheinen würde und euch drei Wünsche freistellen würde, was würdet ihr euch wünschen? Würdet ihr euch einfach nur für eure drei Wünsche entscheiden und euch zufriedengestellt fühlen? Oder wäret ihr klug genug, um euch zu wünschen, der Zaubergeist zu sein?. Verlangt danach, der Zaubergeist zu sein! Dann seid ihr nicht auf drei Wünsche begrenzt, sondern seid imstande, alles zu erschaffen, ganz gleich was ihr wollt und für wie lange ihr es wollt. Begreift ihr den Unterschied? Wenn ihr den Unterschied versteht, werdet ihr verstehen, weshalb ihr auf dieser Stufe von Verständnis mehr zu erleben imstande seid, als jemand, der einfach nur auf einen kostenlosen Flug in einem Raumschiff mitgenommen werden will.

Da gibt es noch einen anderen Aspekt bezüglich dieser kostenlosen

Mitflugsache. Nicht alle dieser Raumschiffe sind ungefährlich. Ihr müßt das begreifen. Jedwedes Raumschiff, das mittels Magnetismus in einem Vakuum betrieben wird, erzeugt ein bestimmtes Ausmaß an heißer Strahlung. Und für Fleisch und Blut und für das Material, aus dem ihr gemacht seid, ist das nicht immer das sicherste Umfeld, damit sich der Mensch in dessen Nähe aufhalten könnte. Dies ist auch der Grund dafür, daß der Landevorgang den Boden verbrennt, und der Grund dafür, daß das Leben sich weigert, dort nach einer Landung weiterzuwachsen. Das ist ein Nebeneffekt ihrer Technologie, sie selbst jedoch werden nicht davon in Mitleidenschaft gezogen.

Ihr müßt euch bewußt machen, daß ihr wahrhaftig nicht wollt, daß alle von diesen Raumschiffen und ihren Gattungen kommen und in eurem Hof landen. Es gibt einige, die ihr nicht in eurem Hof haben wolltet. Ihr würdet vielleicht nicht mehr leben, um den nächsten Morgen zu sehen, falls sie zu Besuch kämen! In eurem Buch der Bücher wird von der Bundeslade gesprochen. Es wird vom Ölberg und dem Donner des Herrn gesprochen, und von jenen, die den heiligen Boden nicht betreten konnten oder nicht zu nahe hingehen konnten. Das lag an der Strahlung, die das Raumschiff von sich gab. Jenes Raumschiff gab sehr viel Strahlung ab. Die Bundeslade war lediglich ein Anschlußstück von Strahlung und ein Laserstrahler. Sie wurde dazu benutzt, Armeen zu besiegen. Nur bestimmte Leute konnten die Bundeslade tragen, die Nubier, die die Fähigkeit hatten, gegen die Strahlung immun zu sein, die jene Bundeslade von sich gab.

Eines Tages, wenn das Bewußtsein der Menschheit genau richtig ist, werdet ihr wundervolle Dinge sehen. Ihr werdet einen Treppenaufgang den ganzen Weg hin zum Wunderwerk sehen. Und durch dieses eine Erlebnis werden sich zehn Millionen Worte der Erklärung erübrigen.

Seid nicht eine Teilzeit-Person.
Seid ein Vollzeit-Gott.
Das ist es, was nötig ist, um sich zu entwickeln
und sich vorwärts zu bewegen,
um Beschränkungen und Begrenzungen niederzureißen,
um alles zu sein, was ihr sein könnt.

Kapitel 6

Es existiert Leben, wo auch immer Leben Grundbedingungen vorfindet und Materie zum Ausdruck gebracht werden kann.

Wir haben über drei Hauptgruppen gesprochen und diese Gruppen sind alles, woran ihr zum jetzigen Zeitpunkt wirklich interessiert zu sein braucht. Es gibt andere, die niemals hier Kontakt aufgenommen haben. Sie sind etappenweise primitive Leute, die gerade ihre Reise der Evolution beginnen, in ihrer eigenen Form und auf ihre eigene Weise. Es existiert Leben, wo auch immer Leben Grundbedingungen vorfindet und Materie zum Ausdruck gebracht werden kann. Wo solche Grundbedingungen existieren, wird sich der Geist <spirit: göttlicher Geist> rühren und Menschen werden sich entsprechend ihrer Umwelt entwickeln. Ihr habt euch entsprechend eurer Umwelt entwickelt. Es ist sehr viel mehr dran an eurem Wesen als eure moralischen Einstellungen.

Ja, euer genetisches Material hat man von euch gemolken. Ja, sie haben euren Samen genommen und wundervolle menschliche Wesen geschaffen, Hybriden <Kreuzungen> sozusagen. Und wenn das etwas war, was ihr als Vergewaltigung bezeichnet, dann lag das zweckvolle Gute an dieser Vergewaltigung darin, daß sie Leben hervorbrachte, und zwar dort, wo es als kostbares Gut gilt und nicht weggeworfen wird, wie bei euch hier.

Euer Samen bringt genetisch gesehen explosives Leben hervor, und diese Wesen wissen, wie man euer genetisches Erbgut nimmt und es in den Baum des Wissens einpflanzt; gewisse Dinge nämlich, von denen sie wollen, daß jener Körper sie hat. Sie wissen, wie man auf genetische Weise eure Unreinheiten herauspflückt und sie durch ihre Reinheiten ersetzt. Innerhalb der nächsten vier Jahre wird einer der Illuminati diese Wissenschaft an einen eurer Ärzte weitergeben. Es wird euch gelehrt werden, wie man das macht.

Kinder werden imstande sein, in diese Ebene mittels ihres eigenen Wahlverfahrens hereinzukommen und zu bestimmen, wie sie ihre Gene haben wollen. Krankheit wird hier nicht mehr länger existieren, denn sie wird genetisch herausgepflückt worden sein. Eine reine Geisteshaltung wird dann imstande sein, in einem reinen Körper hier in diese Ebene hereinzukommen.

Einige von euch sind krank und sind genetische Träger von Krankheit, und doch ist trotzdem auch von euch euer Samen genommen worden. Ein Durchschnitt von diesem Samen ist überprüft worden, und sogar ihr habt ganz woanders Leben hervorgebracht.

Leben ist Leben.

Leben. Der Urgrund. Die Lebenskraft. Der Samen eines Mannes gleicht sehr einem strömenden Fluß. Das Nest eines prächtigen Vogels gleicht sehr dem Nest des Schoßes in einer Frau.

Die Lebenskraft ist die Lebenskraft, und ihr moralischster Zweck liegt darin, mit ihr Leben zu erschaffen. Hier in eurer Gesellschaft mißt keiner mehr jenem Leben einen Wert bei, aber es gibt Gesellschaften, die genau den Samen begehren, den ihr verschleudert. Und sie nehmen ihn. Und sie empfinden, daß sie jedes Recht dazu haben, ihn zu nehmen, denn jeder, der vollständiges Wissen besitzt und an der Lebenskraft teilhat, versteht, daß sie die Lebenskraft miteinander teilen. Sie verstehen, daß das Leben ein Geschenk an alle von euch ist.

Wißt ihr denn, welche Ehre es ist, am Leben zu sein? Auch wenn ihr in trägen, langsamen, massigen, dichten Körpern seid? Wißt ihr, welche

Ehre es ist, diese Dichte bewußt zum Einsatz zu bringen? Bewußtsein ist Gott. Aber wenn Gott sich nicht selbst kennt, dann ist das langweilig; es ist ein Nichts. Es ist das IST, unerwacht. Es ist noch nicht alles potentiell gewesen.

Euer Leben bedeutet mehr, als nur in irgendeinem Sessel zu sitzen, ein Loch zu füttern, und es durch das andere wieder auszuscheiden. Männer, euer Leben bedeutet mehr, als nur euren Samen zu ergießen und nach einer Brust zu greifen! Frauen, es bedeutet mehr, als das, was ihr anzieht!

Es ist Leben. Es ist die Urkraft. Es ist das, was unbekannte Universen entfacht und leuchten läßt und hervorbringt. Und die Lebenskraft, ganz gleich wie ihr es betrachtet, ist Gott. Und sich bewußt darin zum Einsatz zu bringen ist ein Privileg.

Könnt ihr euch je vorstellen, daß *ihr* zu einer anderen Kolonie geht und deren Frauen und Männer fortpflanzt und die Nachkommen wie einen unbezahlbaren Schatz behandelt? Könnt ihr gedanklich ermessen, dies zu tun, könnt ihr?

Aber denkt einmal, wie wertvoll das Leben für andere sein muß, die bis dahin gehen würden, um das zu bekommen, was ihr übrig gelassen habt; und sie müssen durch diese Routine von Deckmantel und Anstrengung hindurch, nur damit sie an Leben herankommen; während es hier auf dieser Ebene auf religiöse Weise unterdrückt und häßlich hingestellt wird. Und jene religiös unterdrückte Häßlichkeit erzeugt Dekadenz, und Dekadenz erzeugt Krankheit, weil jeder jeden haßt infolge seiner Sexualität.

Es ist die Lebenskraft. Das ist es, was es ist.

Seid ihr imstande, euch vorzustellen, auf dieser Ebene hier als ein Mensch aufzuwachsen und in euch selbst mehr zu sehen, als nur eine samenergießende, sich paarende Wesenheit? Seid ihr imstande, euch als Leben zu sehen? Seid ihr imstande, Vergnügen daraus zu gewinnen, einfach nur Teil des Lebens zu sein? Daraus, einfach nur zu *sein?*

Wir sprechen hier nicht von dem sich-Abmühen, einen Orgasmus zu haben. Wir sprechen hier von Schöpfung. Andernfalls, wer wäre schon interessiert an diesem Staubfleck am Rande des Universums mit seiner gelben Sonne? Warum sonst würde sich irgendjemand um diese Erde mit nur einem Mond überhaupt Gedanken machen? Warum sonst? Es ist wegen des Lebens. Was ihr in genetischer Hinsicht seid, wird an anderen Orten benötigt.

Und damit soll nicht gesagt sein, daß jene Wesen, die hierher kommen, nicht selbst eine Menge haben, um es mit euch zu teilen. Eure Brüder im Weltraum haben immer schon in Kontakt gestanden mit jenen Erleuchteten, immer. Sie haben Technologien und Wissen miteinander geteilt. Und ja, sie haben Kristallkugeln und sie können in die Zeitspirale blicken, folglich kennen sie die Zukunft.

Wißt ihr, daß die Zeitspirale bereits sozusagen "quittiert" ist? Die nächsten zehn Jahre haben sich bereits ereignet; ihr schleppt euch lediglich in der Vergangenheit dieser Zeit hinterher. All dieses verstehen sie, und sie haben dieses Wissen über die Zukunft hinsichtlich der nächsten zehn Jahre mit bestimmten qualifizierten Personen auf eurer Ebene geteilt.

Eine der erstaunlichsten Personen, die je gelebt hat, war eine Frau, die Teil der geheimen Leute war. Ihre Arbeit bestand darin, Töpferwaren herzustellen, unter dem Schutz des Namens ihres Mannes, denn Frauen war es nicht erlaubt, öffentlich zu arbeiten. Da Frauenarbeit in der Öffentlichkeit nicht erlaubt war, versteckte man sie in einer Höhle, wo sie die Töpferwaren machte, die ihr Mann auf dem Marktplatz verkaufte. Tagein tagaus machte sie wunderschöne Vasen, die später auf Kreta hohe Wertschätzung fanden.

Diese einfache Frau hatte keine Kenntnis vom Lesen und Schreiben, was zu jener Zeit in der Form von Hieroglyphen stattfand. Eines Tages erschien ein geheimnisvoller Fremder, ein Kurier, am Eingang der Höhle, in der sie sich versteckt hielt und Vasen machte. Er war ein sehr großer, ausdrucksvoller Mann. Er ging hinein, setzte sich nieder und sagte kein Wort. In nur einem Augenblick wurde die Höhle von Licht erleuchtet. Der Lehm begann an den Fingern dieser armen, unglücklichen Frau, die sich in ihrer Höhle versteckt hielt, zu trocknen. Und als das Licht erlosch, trank er einen Kräutertee mit ihr, ging dann zurück zum Höhleneingang und entschwand. Und von jenem Tag an, gehörte sie zu den Illuminati <Erleuchteten>. Sie besaß in ihrem Innern die Geheimnisse und das Wissen und die Wahrheit, die man an sie weitergegeben hatte, weil ihr Geist offen war. Und in einem Augenblick des Lichts hatte er alles, was er wußte, an sie weitergegeben. Und sie lebte und wurde zu einer Legende.

Sie fuhr damit fort, Töpferwaren herzustellen, und sie hatte oftmals geheimnisvolle Besucher, die sich zu ihr setzten und einen Tee mit ihr tranken. Und die Besucher gingen wieder weg und sie machte weiter Töpfereien für ihren Ehemann, "dessen" Töpferwaren so sehr berühmt wurden in dem Lande Kreta.

Dies ist es, was sich für einige von euch ereignen wird. Ich sage nicht, daß ihr anfangen werdet, irgendeinen Gott von einem anderen Planeten zu channeln <Kanal sein, durch den eine andere Wesenheit spricht>. Das bedeutet es nicht, wovon ich hier spreche. Menschen werden ausgewählt aufgrund ihrer grandiosen und tiefgründigen Einfachheit. Dies ist einfaches Wissen, es ist jedoch das Wissen einer befruchtenden Zivilisation.

Diese Wesenheiten, die das Leben mehr wertschätzen als ihr es tut, sind hier, um es von euch zu extrapolieren. Und sie sind hier, um sich mit euch niederzusetzen und auch mit euch <Wissen> zu teilen, falls ihr dazu bereit seid.

Es sind durchaus nicht alle von ihnen freundlich. Ihre Raumschiffe können sicherlich tödlich sein. Aber wenn es passend ist, dann ist es passend, und dann werdet ihr sie zum Einsatz bringen. Es ist Teil eines Lernprozesses. Außerirdische Wesenheiten sind verantwortlich für religiöses Dogma. Und warum sollten sie euch zu Sklaven der Tyrannei einer Vielzahl von religiösen Dogmen gemacht haben, die während der ganzen Geschichte hindurch zu massivem Tod, Blutvergießen, Unwissenheit und sogar zu dem, was man das "Dunkle Zeitalter" nennt, geführt haben? Zu welchem Zweck sollten sie Religion erschaffen haben, um euch zu versklaven? Der einzige Grund, daß einige dieser Engel sozusagen, dies taten, lag darin, Keim-Menschen zusammenzubringen und ihnen Gesetze zu geben, damit sie danach lebten, und um auf diese Weise eine Sittenreinheit für sie zu schaffen. Sie wollten, daß ihr wieder in eure Mitte zurückfindet und euch daran erinnert, Leben zu achten. Die ganze Geschichte hindurch sind bestimmte Menschen herausgewählt worden, weil sie im wesentlichen einfache Menschen waren mit einem Grundverstehen und mit der Achtung vor dem Leben.

Seht euch doch einmal an, wie ihr damals gelebt habt. Ihr habt damals eure Kinder vergewaltigt und euch mit Rindern, mit Schafen, mit Hunden gepaart. Ihr habt eine Zivilisation gehabt, die Millionen von exotischen Vögeln abschlachtete, einfach nur so, weil ihr dachtet, deren Zunge sei ein Aphrodisiakum <den Geschlechtstrieb anregendes Mittel>. Jenes sind die Zivilisationen, von denen man in eurer Geschichtschreibung berichtet, daß sie "untergegangen sind". Und in jenen Zeiten von großer staatsbürgerlicher Gefahr, sind die Großen Götter erschienen, viele Male, und übermittelten einfachen Menschen eine einfache Wahrheit. Sie haben euch Gesetze gegeben, nach denen ihr leben solltet. Die Menschen bekamen es mit der Angst und gehorchten den Gesetzen. Die Großen Götter sind immer gekommen, um einem in sich zusammenbrechenden Bewußtsein Ethik und spirituelle Verantwortung zu lehren. Das ist der Grund, weshalb sie kommen.

Aber andere von kleinem Geist haben eine einfache, schöne Wahrheit hin zur Religion ausgedehnt. Sie haben die einfache, schöne Wahrheit mit Dogma angefüllt und es dann dazu benutzt, die Welt zu ermorden. Das ist alles, wozu Dogma benutzt worden ist, zur Unterdrückung und zum Töten.

Und dennoch, die Absicht der Weitergabe jener ursprünglichen Wahrheit lag darin, Wahrheit weiter strömen zu lassen und die Männer davon abzuhalten, aufgrund ihrer selbst in sich zusammenzubrechen, und die Frauen davon abzuhalten, im Bewußtsein zu sterben.

Es gibt eine Ebene, nicht zu weit entfernt von dieser Ebene hier, in einer

Dimension, die man mythisch als "Astralebene" bezeichnet. (Nebenbei bermerkt, das ist nicht der passende Begriff dafür). Sie ist die Ebene, wo das Bewußtsein wie ein großes seidenes Tuch zusammengefaltet ist. Es ist sehr dicht zusammengefaltet; das Licht ist dort sehr dicht. Dort sind tatsächlich Menschen, genau wie ihr, die ein zusammengebrochenes Bewußtsein gehabt haben, und sie befinden sich dort, unerwacht. Denn sie haben eine Wirklichkeit geschaffen, in der sie sich selbst aufgrund persönlicher Glaubensvorstellungen zusammenbrechen ließen. Und sie warten dort auf einen Erlöser. Sie sind nicht mehr imstande, hier ein körperliches Leben zu leben, bis ihr Erlöser sie erlöst. Und weil der Erlöser genau so auszusehen hat wie das Bild in ihrer Vorstellung, oder wie das Bild an der Wand kurz bevor sie starben, sind sie noch immer dort. Die Verkörperung muß für sie genau stimmen, damit es für sie glaubhaft ist. Sie sind nicht imstande, sich im Bewußtsein zu erweitern, das tot ist im Geiste <spirit>, denn sie haben ihr eigenes "Haus" gegen sich selbst und in sich selbst zusammenbrechen lassen. Sie alle fühlten völliges Unwürdigsein, zwingendes, überwältigendes Unwürdigsein. Und, weil man wahrhaftig und tatsächlich seine eigene Wirklichkeit erschafft, lautet das Gesetz in *ihrer* Wirklichkeit, daß sie nicht erwachen können, bis sie würdig sind!

Und was habt ihr gelernt? Daß Würdigsein vom Innern einer Wesenheit herkommt, und ihr müßt die Erfahrung von Würdigsein machen, und ihr müßt sie gemäß euren eigenen Gesetzen machen. Und jetzt fragt mich mal, wie wichtig Bewußtsein ist! Derart ist es, wie wichtig es ist. Diese Leute, die ich gerade erwähnte, haben auf jener Ebene schon seit Millionen von Jahren gelebt, gemäß eurem Zeitstrom, wie ihr ihn kennt. Sie sind im Geiste tot, was bedeutet, daß sie im Bewußtsein tot sind.

Also muß Jeshua Ben Josef <Jesus Christus> genau so aussehen, wie das Bild von ihm. Und er muß genau so verkörpert werden, wie es das Bild zeigt. Die erzeugte Verkörperung von ihm muß exakt genau so aussehen, damit es für euch glaubhaft ist; er muß exakt die gleichen Kleider tragen, die der Künstler sah. Er muß einen braunen Bart und braunes Haar haben, obwohl er das in Wahrheit gar nicht hatte. Denn wenn er in irgendeiner Weise anders aussehen würde, dann wäre er der Teufel, der lediglich die Gestalt von Jeshua Ben Joseph angenommen hätte. Dies ist die Art, wie euer Denken abläuft.

Und laßt uns hier ehrlich sein, wenn wir die unwissenden Massen dazu bewegen wollen, irgend etwas zu tun, müssen wir die Gestalt von Maria annehmen. Kennt ihr die Mutter von Gott? Nun, selbstverständlich glaubt keiner irgend etwas, wenn es nicht von einer Mutter gesagt wird! Und wenn wir schon eine Mutter produzieren, dann sollte es auf jeden Fall die Mutter Gottes sein. Das stellt dann eine große Sache dar! Also die Mutter von Gott muß diejenige sein, die der unwissenden Masse eine Botschaft übermittelt. Das kann niemand anderer tun, als die Mutter Maria oder Jeshua Ben Joseph. Und sie müssen genau so aussehen wie auf den Bildern, denn wenn sie das nicht tun, dann wären sie die Verführer, von denen euch erzählt worden ist.

Also ist Maria in dem Verkörperungsgeschäft sehr beschäftigt, und Jeshua Ben Joseph kommt nur dann vom Kreuz herunter, um jenen Leuten persönlich zu erscheinen, die eine Wahrheit weitertragen werden. Aber er muß diese Wahrheit immer in dem Zusammenhang halten, wie sie nun über die Jahrhunderte hinweg weitererzählt wurde. Er kann sie nur jeweils ein klein wenig abändern. Versteht ihr die tiefere Bedeutung von dem, was ich euch sage?

Es gab da eine Gruppe von Leuten, denen ein Engel namens Moroni erschien. Er sagt ihnen, sie sollten sich sammeln und fortziehen. Er wies sie an, wegzuziehen an einen Ort, wo sie in Frieden gelassen werden könnten. Im Grunde war es ein Ort, an dem niemand interessiert war. Man tat dies, damit diese Leute Keim-Menschen sein könnten. Aber auch dieser Plan schlug fehl. Man behandelt Frauen nicht so wie man Vieh hält und nennt sich dann erleuchtet. Man legt diesbezüglich das Wort nicht zu seinem eigenen persönlichen Nutzen aus. Aber in dem, was sie durchgeführt haben, liegt ein zweckvolles Gutes. Sie sind vorbereitet auf alle Arten von Zeiten, die kommen. Und zumindest einige von ihnen werden überleben.

Aber sie werden ein wenig enttäuscht sein, denn in den kommenden

Zeiten werden die Masken abblättern und die Menschen werden das exakt sehen, was immer schon die Wahrheit gewesen ist. Das Image und die Erwartungen des Image müssen niedergerissen werden, bevor euch die Wahrheit ins Auge blicken kann.

Es ist wichtig, das Image niederzureißen. Andernfalls wird Wahrheit zu etwas stark Ausgepreßtem und Gefiltertem, und ihr erlangt nur ein bißchen von der Wahrheit, nicht die ganze Wahrheit.

Dieses sind spannende Zeiten, die ihr ausgewählt habt, um in ihnen zu leben.

Abschnitt Zwei

Interdimensionales Verständnis: UFO Kontaktaufnahme Yucca Valley

Ein Einblick in außerirdisches Bewußtsein und die Transfiguration von Materie.

Bewußtsein ist das Alles in Allem.
In euch, *ist* es schon.
Ihr müßt nicht erst zu Gott werden.
Ihr seid es schon.
Es ist das Image, das ihr niederreißen müßt,
um zu verwirklichen, was Bewußtsein ist.
Bewußtsein ist ewig, und alles, was das Gewächs des
Bewußtseins ist, ist an es angeschlossen,
einschließlich der Außerirdischen.

Kapitel 1

Wahrheit und interdimensionaler Geist

Wahrheit ist eine subjektive Erfahrung, die mittels persönlicher Relativität <Bezüglichkeit> verstanden wird. Jeder hat voneinander verschiedene Wahrheit, aber jeder von euch liest diese Informationen hier, um etwas zu verstehen, von dem ihr fühlt, daß es einen sehr wichtigen Teil eures Lebens darstellt, bzw. daß es etwas ist, das es verdient, ein sehr wichtiger Teil eures Lebens zu sein. Es hat immer schon Hüter einer Wahrheit gegeben, die ein Kontinuum bewirkt. Man nennt sie die Keim-Wahrheit. Jede Zivilisation hindurch hat es Personen gegeben, die sich darum kümmerten, jenen Keim von Wahrheit am Leben zu erhalten.

Diese Wahrheit wird nicht an jeden weitergegeben, denn nicht jeder ist bereit, sie zu hören. Wißt ihr, daß ihr euch das Recht, Wahrheit zu beanspruchen, erwerben müßt? Nur weil ihr dieses Buch in euren Händen habt, bedeutet das nicht, daß ihr es verdient, dieses Wissen zu haben. Ihr müßt die relative Basis von Wahrheit innerhalb eures eigenen Lebens erweitert haben. Niemand wird euch dieses Wissen vorenthalten, aber ihr müßt euch das Recht erwerben, davon zu trinken. Und es gibt einige Voraussetzungen dafür, um sich dieses Recht zu erwerben.

Einige von euch verdienen diese Informationen nicht, weil diese Wahrheit nicht in Bezug gesetzt werden kann zu der "Schachtel", in die ihr sie stecken wollt, in euer eigenes Leben. Ihr gebt euch Mühe, sie *persönlich* zu nehmen, während sie eine *objektive* Wahrheit ist. Ihr wollt sie zu etwas Persönlichem machen, um euch selbst zu verherrlichen, und dazu war sie nicht gedacht.

Ihr wollt sie zu einer Religion, zu einem Dogma, zu etwas machen, von dem ihr euch absondern könnt, bei dem ihr andererseits danach trachten könnt, es in eine Religion umzuwandeln. Und die Dinge, von denen ich euch berichte, haben nichts mit Religion zu tun. Religion stellt die jämmerliche Auffassung dar, in die die menschliche Existenz all jene Dinge von mystischer Beschaffenheit unterzubringen versucht, die außerhalb ihres Verstehensbereiches liegen.

Was ihr wirklich haben müßt, ist ein interdimensionaler Geist.

Wißt ihr nicht, daß ihr einen interdimensionalen Geist haben müßt, um einen solchen zu kennen? Statt Subjektivität müßt ihr vielmehr Objektivität lernen, um einen interdimensionalen Geist zu haben. Um mit jemandem von großem Geist in Verbindung zu stehen, müßt ihr selbst einen großen Geist *haben.* Wie versteht ihr etwas von einem vollständig außerirdischen Standpunkt aus? (Und ich meine außerirdisch!) <alien: außerirdisch, fremdartig> Ihr habt den Wunsch, eine Wahrheit zu verstehen, die ein Keim ist, der seit Millionen von Jahren weitergereicht worden ist. Ihr müßt des Keimes würdig sein, und um dies zu sein, müßt ihr die Art und Weise wie ihr die Dinge betrachtet, völlig umkehren und es abstrakt werden lassen, nicht persönlich. Anderfalls wird eure persönliche Wirklichkeit es euch nicht zu sehen erlauben, was für euch subjektiv ist. Aus diesem Grund habt ihr euch selbst von einem universellen Wissen abgeschnitten, das nur einige wenige je zu wissen bekommen. Ihr müßt euch das Recht zu lernen *verdienen,* und es zu verdienen hat alles damit zu tun, einen objektiven Geist zu haben, wenn man Wissen erlangt.

Während eures jetzigen Lebens hindurch und über Tausende von anderen Leben hinweg habt ihr eine Haltung des subjektiven Selbst sorgsam gepflegt. Wie kehrt ihr diese Haltung völlig um? Wie lernt ihr, wie ein Außerirdischer zu denken? Ihr könnt keinen Kontakt aufnehmen, wenn ihr dieses Kontaktes nicht würdig seid. Ansonsten werdet ihr nichts anderes als ein belästigtes Opfer sein. Es gibt viele von euch, die <von Außerird> eines Vorteils wegen für eine Erfahrung ausgenutzt worden sind, an die ihr euch nicht erinnern könnt, weil ihr nicht die geistige Kapazität hattet, um zu verstehen. Deshalb wurde lediglich von euch Gebrauch gemacht, wurdet ihr benutzt, und niemals wirklich zum Einsatz gebracht.

Ich habe zehn Jahre hier auf dieser Ebene gebraucht, um Menschen dahinzubringen, es zu erfassen, daß Gott wahrhaftig in ihnen lebt. Und sogar jetzt sind viele von euch reserviert darin, dies zu akzeptieren. Wenn es für euch derart ungeheuerlich ist, euch selbst als göttlich zu begreifen, wie wollt ihr einen gigantischen Sprung im Bewußtsein durchführen, um zu einer abstrakt denkenden Wesenheit zu werden, damit ihr den gleichen Geist zu euch heranmagnetisieren und in Gleichstellung bringen könnt? Und dies ist es, was ihr tun werden müßt. Andernfalls werdet ihr die Beobachter eines herrlichen, wundervoll bizarren Planes sein, und ihr werdet euch dabei wiederfinden, ihn als Beobachter zu betrachten, statt vielmehr als Teilnehmer.

Der Trick liegt darin, euch heranzubilden, damit ihr nicht in der Methode von "Opfer/Meister" oder der Methode von "persönlicher Rache" denkt. Ihr müßt lernen, eure eigene Denkweise völlig umzuändern, damit ihr euch nicht selbst verherrlicht, sondern euch selbst als einen Interdimensionalen betrachtet, der zu interdimensionaler Verbindung imstande ist.

Das Geheimnis liegt im *Wollen*. Ihr müßt es wollen, einen interdimensionalen Geist zu haben, bis hin zu dem Ausmaß, daß euer eigener persönlicher Beweggrund von keinerlei Bedeutung mehr ist. Jene *persönlichen* Ziele von euch müssen unwichtig werden.

Die Begegnung mit einem Außerirdischen darf nicht ein weiteres Schmuckstück für euch sein, das ihr euch um den Hals hängt.

Ich will euch etwas sagen. Wenn ihr imstande seid, dies im Gedächtnis zu behalten und es einfach in eurem Leben anwendet, werdet ihr, ganz gleich in welchem Stadium eurer Evolution ihr euch befindet, gigantische Sprünge nach vorne in eurer Fortentwicklung machen. Merkt euch einfach diese eine Aussage. Ihr erschafft eure Wirklichkeit entsprechend der Wahrnehmung eures Bewußtseins. Eure Wahrheit ist jeweils nur relativ zu dem, wie ihr Wahrheit versteht. Und folglich magnetisiert ihr das zu euch heran, was jeweils eure Wahrheit, euer Bewußtsein widerspiegelt. Ich spreche hier nicht von der Wahrheit eurer Philosophie, diese bedeutet gar nichts. Ich spreche von der Wahrheit, die ihr zu leben imstande seid. Ihr zieht Gleiches zu euch heran. Und das gilt für jede Ebene, von dieser Ebene hier den ganzen Weg bis hin zur siebten. Das ist genau so gültig den ganzen Weg zum interdimensionalen Verständnis. Was ihr im Bewußtsein seid, werdet ihr in eurer Wirklichkeit erschaffen! Genau so einfach ist es.

Einige von euch werden lediglich Phänomene sehen. Einige von euch werden Phänomene erleben. Einige von euch werden sich wirklich zum Einsatz bringen. Sie können euch nicht zum Einsatz bringen, wenn ihr diesen Pfad nicht in eurem Bewußtsein geschaffen habt. Was, meint ihr, bedeutet der Pfad zur Erleuchtung wirklich? Er ist kein buchstäblicher Pfad <Weg>. Er stellt das *Erweitern* eurer Bewußtseins-Basis dar, das es dann einer "Hochstraße" von Wirklichkeit erlaubt, das Unbekannte mit euch in Anschluß zu bringen. Ihr könnt nicht zum Unbekannten vordringen, solange ihr nicht unbekannt denkt.

Was ihr im Bewußtsein seid, werdet ihr in eurer Wirklichkeit erschaffen. Genau so einfach ist es. Und das gilt nicht nur für euer persönliches Leben, sondern es gilt auch für das Außergewöhnliche und das Bizarre. Und wenn ich "bizarr" sage, dann beziehe ich mich schlichtweg auf das Unbekannte.

Also laßt uns das jetzt klarmachen. Ich kann eure Wirklichkeit nicht ändern. Ich habe nicht die Macht, das zu tun. Ja, ich bin mächtig. Ja, ich kann eine Menge Dinge machen, aber ich kann nicht eure *Wirklichkeit* verändern. Ich kann euch lediglich anspornen, und ihr könnt dann aktiv teilnehmen oder nicht. Ihr seid der einzige, der bestimmen kann: "Ich will lernen." Ihr seid diejenigen, die mit Wissen bereichert werden, und deshalb seid ihr es, die den Lohn aus der Erfahrung bekommen. Ein erweitertes Bewußtsein befreit sich selbst von einer begrenzten Wirklichkeit. Sie wird unbegrenzt. Ich kann das nicht für euch tun. Ich kann euch nicht dazu machen, einen interdimensionalen Geist zu haben. Ich kann euch die Informationen geben und euch die Methode zeigen, aber nur ihr allein könnt den Hebel umschalten und objektiv sein.

Was sich für euch ereignen wird oder nicht ereignen wird hat nichts mit Worten zu tun. Es handelt sich da nur um "Worte". Die Leute, mit denen ihr Kommunikation haben wollt, benutzen keine Worte. Ich habe eure Worte gelernt, um euch die Übertragung eines Gedankens zu geben, damit ihr einen Gedanken anwenden könntet und dazu angeregt wärt, die entsprechende Erfahrung zu machen. Es gibt eine Menge, was euch mitgeteilt wird, das nichts mit Worten zu tun hat. Diese Leute sprechen nicht in der Hinsicht, was ihr unter "sprechen" versteht. Sie denken! Bei eurem Lernen muß es also um klar gerichteten *Gedanken* <focused thought: auch "konzentrierter" oder "scharf eingestellter Gedanke"> gehen. Gedanke ist die Sprache, die über die Dimensionen hinausgeht. Gedanke geht über Zeit, Entfernung, Raum, und jede andere Ebene hinaus. Wenn ihr zu "denken" lernt, dann habt ihr einen interdimensionalen Geist.

Überlegt einen Augenblick. Ergibt es nicht einen Sinn, daß man, um mit allem Wissen verbunden zu sein, *wissen* muß? Und der Weg, daß ihr wißt, liegt nicht in dem, was ihr sagt, er liegt in dem, was ihr denkt! Und wenn das, was ihr denkt, die absolute Wahrheit ist, ist dies dann nicht euer Pfad durch die Sterne hindurch?

Was ihr denkt. Interdimensionaler Geist. Das einzige, das durch alle Schranken bricht ist Gedanke! Ein Gedanke. Ein Gedanke ist nicht das Wort. Ein Wort ist der Nach-Effekt eines Gedankens. Wörter sind der verkrüppelnde und begrenzte Ausdruck eines Gedankens.

Ihr müßt also lernen, wie man denkt. Ihr müßt lernen, wie man den Mitternachtshimmel ansieht und einen Gedanken mit ihm zum Einsatz bringt; das ist es, was durch alle Schleier hindurchstößt.

Gedanke ist die Sprache des Geistes, und er ist objektiv. Wußtet ihr, daß ihr nicht eigensüchtig *denken* könnt? Ihr könnt nur eigensüchtig *fühlen*. Wußtet ihr, daß ihr nicht zerstörerisch *denken* könnt? Ihr könnt nur zerstörerisch *fühlen*. Der Gedanke ist objektiv. Es ist die Emotion, die ihn subjektiv macht.

Ihr müßt lernen, wie man in seinem Herzen hört, und bei dieser Art des Hörens geht es nicht um Worte; es handelt sich um ein inneres Wissen. Es handelt sich um Instinkt. Es handelt sich um klarste Bewußtheit. Es handelt sich um das Gewahrsein der Richtung des Windes und um das Schauen in die Richtung des Himmels. Es handelt sich darum, zu *wissen*. Es handelt sich um die Kommunikation durch interdimensionales Verständnis.

Ihr müßtet viele Momente in absolutem Schweigen verbringen, um das herbeizuführen. Ihr müßt den Mund halten, Tätigkeiten einstellen, und Ruhe geben, und einfach nur dasitzen und bewußt sein. Lernen bewußt zu sein, ist das, was euch in Verbindung bringen und den Kontakt herstellen wird. Ihr könnt ja etwas anderes ausprobieren. Ihr könnt ein Lagerfeuer machen. Ihr könnt ein Kreuz formieren. Ihr könnt euch an den Händen nehmen und mediale Gesänge anstimmen. Ihr könnt all diese Dinge machen, aber es wird keine Wirkung haben. Was ihr lernen möchtet ist etwas, das man nicht auf einer subjektiven Bewußtseinsebene lernen kann. Es muß von der objektiven Bewußtseinsebene kommen. Es hat etwas zu tun mit eurem Gott in euch, der hervorkommt.

Ich bin nicht hier, um euch etwas über bizarre Wesen zu lehren. Ich bin hier, um euch etwas über fortgeschrittene Zivilisationen zu lehren, die belangloses Dahingeplauder nicht kennen. Sie erscheinen nicht am Himmel, um euch mal eben eine Lichtershow zu bieten, nur weil ihr neugierig seid. Mit einem Feuerschwall aus einem ihrer Raumschiffe könnten diese Leute eure Erde wirbelnd in den Weltraum befördern. Kopfüber und über und über. Wir sprechen also nicht von kleinen Leutchen, die es nicht erwarten können, euch zu umarmen. Und wir sprechen nicht von Leuten, die zu Besuch kommen, nur weil ihr meint, daß ihr euch dessen würdig gemacht habt und es verdient. Wir sprechen hier von brillanten Wesen, und der einzige Weg, daß ihr mit ihnen sprechen könnt, ist der, einen offenen Geist zu haben. Und der Geist, der fähig ist, Symbole zu empfangen, und der fähig ist, etwas instinktiv zu erfassen, ist fähig, Signale aufzunehmen und ist fähig, sie im Geiste zu sehen. Wir sprechen hier von Wesen, die die Kapazität haben, nur dann mit euch zu sprechen, wenn ihr das Recht erworben habt, daß sich dies für euch ereignet. Nichts wird herunterkommen, wenn ihr euch nicht selbst für ein solches Treffen magnetisiert haben. Sie haben bedeutendere Dinge zu tun. Diese Wesenheiten sind die ganze Zeit über am Wirken.

Sie werden sich euch nicht vorzeigen, nur um zu beweisen, daß sie existieren. Sie werden euch keine Mitfahrgelegenheit für $1.50 geben. Ihr müßt euch gleichschalten, um die geistigen Fähigkeiten zum Einsatz zu bringen. Das ist der einzige Grund, aus dem sie kommen würden.

Interdimensionaler Geist ist das Verlangen danach, wissen zu wollen. Ein offener Geist hat nichts mit Aberglaube zu tun. Er hat nichts mit euren Ängsten zu tun, eurer Religion, euren Reliquien, oder damit, wo ihr lebt. Er ist schlichtweg die Kapazität, das Unbekannte zum Einsatz zu bringen, und zwar ohne solche Erwartungen, wie zum Beispiel, was für eine Art Erlebnis es sein sollte, oder wie es aussehen sollte, oder was ihr dabei für euch herausholen könntet.

Ihr wärt schockiert, all die Wesen zu entdecken, die sogar nur in eurem euch bekannten Universum leben!

Jene, die außerhalb eures euch bekannten Universums leben, würdet ihr als "häßlich" bezeichnen, denn sie sehen nicht so aus, wie es eurer Auffassung von Schönheit entspricht. Nichtsdestoweniger sind ihre Seelen gleich Gott vollständig. Sie sind die Lebenskraft. Wir sprechen über Wesen von solchem Geist, die bei weitem über alles hinausreichen, wovon ihr je geträumt habt. Für mich ist das Gott. Für euch ist das häßlich. Ein offener Geist muß alles an einer solchen Denkweise niederreißen, um interdimensional zu werden.

Ein Meister, der dabei ist, sich hin zu seinem Christussein zu meistern, macht dies nicht nur einfach für dieses lineare Leben, sondern für das gesamte Leben. Ihr müßt die Begrenzungen und die Hysterie des Aberglaubens niederreißen und abschälen, damit euer <innerer> Christus sich zum Einsatz bringen kann. Irgendwo im Innern wißt ihr, daß ihr an die Ewigkeit angeschlossen seid, und wenn ihr imstande seid, aus euren Begrenzungen herauszubrechen, dann seid ihr imstande, die Ewigkeit zu sehen.

Jeshua Ben Joseph war ein interdimensionales Wesen. Ebenso Buddha Amin, Mohammed, ich, und viele mehr. Aber das war nicht unser Ziel; es war Teil unserer Evolution. Ihr werdet in eurer Wirklichkeit nicht dahingelangen, wenn eure Wirklichkeit besetzt ist mit Dogma, Aberglaube, Angst, und Bildern davon, wie die Dinge auszusehen haben.

Ihr müßt mit all diesen Begrenzungen abgeschlossen haben, um interdimensionalen Geist zum Einsatz zu bringen.

Alles, was ihr denkt, erschafft, mittels Energie.
Ihr habt in euch die bemerkenswertesten "Maschinen",
nämlich die Ganzheit von Bewußtsein.
Ihr besitzt die Macht, die Leben erschafft,
und wenn diese Macht entschlossen heraufgezogen wird,
wird sie Wirklichkeit erschaffen.
Alles was ihr tun müßt, ist,
ihr die Gußform zu geben, die ihr wollt.

Kapitel 2

Eine Insel genannt Oster und ein Stein namens Henge

Auf einer Insel gibt es 593 Riesen, gemeißelt in Stein. Sie sind 20 Meter hoch und sie wiegen je 50 Tonnen. Alle diese Figuren schauen hinauf und hinaus zum Himmel. Jede Figur repräsentiert einen Menschen. Menschen, die - im letzten Stadium ihrer Evolution - fähig waren, jenseits der Sonne zu gehen. Und sie wußten, daß dies die letzte Sache sein würde, die sie auf diesem Planeten hier machen würden, und so meißelten sie in Stein für alle Ewigkeit ein Andenken daran, wer sie hier waren. Sie legten in lebendigem Felsgestein nieder, wer sie gewesen waren. Ihr stellt einen Grabstein auf, um eure Toten und Gefallenen hervorzuheben. Sie machten einen Stein zu dem Abbild dessen, wer sie waren, und dieser Stein drückt aus: "Oh nein, ich bin nicht gestorben, sondern ich lebe!"

Der Stein sollte zum Himmel schauen, und ihr Testament, ihr Buch, sollte am Fuß eines jeden Steines liegen.

Diese kleine Insel, die sich jetzt in der Mitte des Meeres befindet, war einst ein Teilstück einer größeren Landmasse. Aber zu der Zeit, als diese Gedenksteine gemacht wurden, gab es auf dieser Landmasse keine Steinbrüche. Es gab keine Holzbestände. Es gab nur Büsche, Grasland und Wiesen. Es lebte dort keine Legion von Leuten, nur eine Handvoll.

Wo kamen die Steine also her? Wo kam das Holz her? Wie kam die

"Sklavenarbeit" zustande, um die riesenhaften Steine aufzurichten? Ich bitte euch, das einmal zu erklären!

Auf einem Plateau gibt es dort schöne, exakte Standbilder von Tieren und geflügelten Geschöpfen. Sie sind so dramatisch aufgestellt, daß es den Eindruck erweckt, als wären sie von oben wie nach Vorlage hineingestellt worden. Das wurden sie auch. Es gibt das Gerücht, daß sie als ein religiöser Brauch errichtet worden sind. Ich sage euch, es gab keine Religion. Wie wurden diese <Gedenksteine> geschaffen? Wie wurde während der damaligen Zeit etwas so exakt geschaffen?

Es gibt grandiose Pyramiden auf dieser Erde. Einige sind unter Wasser. Einige sind auf dem Lande. Es gibt nur eine einzige, die nicht einem gewaltsamen Eingriff anheimfiel; sie ist verborgen in den Wolken. Die Steine sind exakt und gut geschnitten. Es gibt dort in der Nähe keine Rosenquarzvorkommen. Keine Holzbestände waren in der Nähe. Eine welche Kraft hätte es wohl gebraucht, um jeden einzelnen <dieser Steine> aufeinander zu plazieren? Wie wurde dies so zustande gebracht, daß jeder von ihnen der Formel "pi" aus der Mathematik entspricht? Dieser Planet hatte zu jener Zeit fortentwickelte Höhlenmenschen. Worin lag die Absicht dieser Monumente?

Die Nord- und Südpole waren einst sehr karge Gebiete. Es gab einmal große Berge dort, wo euer Äquator heute liegt. Unter den Eiskappen sind Tempel von phantastischer Schönheit. Ihre Säulen sind fein glänzend, und sie übertreffen an Schönheit bei weitem alles aus dem Alten Griechenland oder Rom. Die Malereien, die die Wände schmükken, sind atemberaubend, getäfelt mit Perlmutter und Lapislazuli und zartem Feingold ohne sichtbare Einschnitte darauf. Ihr müßtet die außergewöhnliche Art sehen, in der sie geschaffen wurden und euch fragen: "Welche Barbaren brachten dies zustande? Und unter dem Eis?"

Es gibt einen Kreis an einem sehr windigen und kalten Ort, in dessen Nähe es keine Bäume gibt <Ramtha bezieht sich hier auf Stonehenge>. Der Kreis ist versehen mit Steinen auf Steinen, und es gibt eine Sage von einem Hexenmeister an diesem Ort. Sie wissen nicht, wie all diese

Steine dort errichtet wurden, aufgestellt auf so exakte Weise. Einige Leute meinen, es sei eine rituelle Sonnenuhr. Es mußte sich natürlich um Religion gehandelt haben. Warum sonst würden sie solche Mühen auf sich genommen haben? Nur Gott ist das wert!

Wer erbaute dies?

Vor 10.000 Jahren gab es eine fortgeschrittene Zivilisation, die auf der ganzen Erde verteilt lebte, und jene Zivilisation wurde regiert von den mächtigsten und bemerkenswertesten Lehrern, die diese Welt je gekannt hat. Diese Gruppe von Lehrern, insgesamt 13, waren alle mit einem Geist ausgestattet, der Physik, Geometrie, Raum, Zeit und Entfernung verstand. Sie verstanden Gott.

Diese außergewöhnlichen 13 Lehrer, die vor 10.000 Jahren lebten, wurden auf jeden der Kontinente verteilt, die es heute gibt, oder die jetzt unter Wasser sind. Es war ihre Aufgabe, die genetische Rasse von halb und halb auf den Gebieten von Bildung und Verständnisebenen zu unterrichten. Es war ihre Aufgabe, diese Gattung Mensch aus der reinen Überlebenshaltung herauszuheben hin zu einem Verständnis der Unsterblichkeit.

Sie wurden die "Söhne der Sonne" genannt.

Vor 10.000 Jahren setzten diese Lehrer das in Gang, was jetzt das Überbleibsel der Zivilisation ist.

Ihr habt weniger als einen Atemhauch von dem zurückbehalten, was diese Lehrer vor 10.000 Jahren lehrten. Sie sind 2000 Jahre lang hiergeblieben. Diese Lehrer sind niemals gestorben. Sie wurden später in den Sagen und Legenden "Erzengel" genannt. Sie waren, in der Tat, die größten Lehrer von himmlischem Ursprung, die jemals auf dieser Erde existierten, und sie kamen, um zu lehren, um Wissen zum Einsatz zu bringen, bevor eine große Katastrophe über diese Erde hereinbrach und diese geographisch so sehr veränderte, daß sie kaum mehr daran erinnert, wie sie vorher aussah.

Ihre Schüler waren die Nachkommen der Ionier, die später die Griechen waren, die wiederum später die Römer inspirierten, die wiederum die Welt inspirierten. Ihre Schüler inspirierten ebenfalls die, die zu den Türken wurden, und die gesamte Mongolei. Ihre Schüler waren die ursprünglichen Chinesen, das Volk von Cathay <Kathai>, die ältesten Dynastien in der Welt und wahrscheinlich die zivilisiertesten. Diese Lehrer aus der Zeit vor 10.000 Jahren sind es gewesen, die jene Schüler lehrten, die ihr eigenes Bildnis in Stein meißelten, alle 593 von ihnen, und die ihre Augen gen Himmel richteten und dieser Ebene hier "Adieu" sagten.

Jeder dieser 593 Leute, die ihre eigenen Abbilder in Stein gemeißelt hatten, leben auch heute nach wie vor.

Warum solltet ihr solch außergewöhnliche Lehrer brauchen? Warum sind sie nicht auch heute hier?

Sie sind es.

Was in euch ist es, das auf Zerstörung beharrt? Was ist dieser Teil eures genetischen Lebensbaumes <DNS>, dieser Teil, der auf Selbst--Zerstörung, auf der Zerstörung des Planeten und auf der Zerstörung eurer Kapazität für das Leben beharrt? Diese Lehrer unterrichteten diese Wenigen, die jenen Zerstörungstrieb umwandelten in Wissen und Wahrheit, und dann <diese Ebene> vor langer Zeit verließen. Kurz nach ihrem Weggang fiel diese eure Erde einer Erschütterung anheim, die bis vor 3500 Jahren andauerte, als eure Rocky Mountains sich noch immer formten.

Was ist es, das euch davon abhält, alles zu sein, was ihr sein könnt? Was ist in eurem Denken, das auf Selbstzerstörung und der Zerstörung dieses Organismus, auf dem ihr lebt, beharrt? Denn genau das ist es, dem ihr wieder ins Auge seht!

Diese Leute haben diesen Staubfleck im äußeren Bereich der Milchstraße mit seiner gelben Sonne beaufsichtigt, denn sie haben hier eine Investition. Die Leute, die zurückgelassen wurden, sind die Nachkommen jener Alten Zivilisationen und die Nachkommen der Lehrer jener Zeit vor 10.000 Jahren. Es war, und es ist nach wie vor, ihr Job zu versuchen, einer jeden Zivilisation die Wahrheit zu bringen, und zu versuchen, euch am Leben zu erhalten, während ihr indessen auf dem Sterben beharrt.

Sie sind dabei zu versuchen, euch am Leben zu erhalten, damit ihr eines Tages euren eigenen Gedenkstein herstellen und diesen Ort verlassen könnt, um ein interdimensionales Wesen zu werden. Aber ihr müßt lange genug leben, damit ihr in die Schule gehen könnt, um zu lernen, wie man das macht. Wir sprechen hier nicht von der Schule der Zivilisation, wir sprechen hier von der Schule, die jeder Darlegung von zivilisierter Wahrheit, die ihr jemals gehört habt, spottet!

Diese Wesen halten eine Menge Dinge für euch zusammen. (Sie werden auch als die "Konstanten" bezeichnet.) Diese Lehrer hinterliessen euch beachtliche Zeichen, dadurch daß sie ihre Leute lehrten, erstaunliche Dinge zu tun, Dinge wie zum Beispiel, das eigene Bildnis einfach nur *durch Gedanke* aus einem Stein herauszumeißeln. Sie lehrten sie, wie man jenen Stein in Bewegung bringt und dabei die Schwerkraft unwirksam macht! Diese Leute, die ihr eigenes Bildnis in Stein meißelten, meißelten ebenfalls die Gedenktafel ihres Lebens in Stein, für die Nachwelt, damit jede Zivilisation sich daran erinnern würde, welche Dinge sie zu tun imstande waren.

Jene Insel und jene Monumente überstanden das, was dieser Erde zustieß. Sie sind noch immer dort. Es ist die Insel der Riesen, eine Insel genannt Oster.

Was, nehmt ihr an, geschah mit jenen Gedanktafeln, die sie zurückließen?

Die Tafeln wurden wurden auf Holz übertragen und sie lagen am Fuße jeder einzelnen Statue. Generationen lang hielten Menschen die Wahrheit lebendig, indem sie kamen und die Tafeln Wort für Wort neu abschrieben. Jahrelang haben sie sie getreulich ersetzt, und ließen sie als Gedenkschrift dort liegen, alle der 593 Tafeln. Als dann Religion stark vorwärtsdrängte und diese Insel im Namen der Kirche erforscht wurde, wurde die Hälfte der Tafeln verbrannt, weil man sie für etwas Böses und Unerklärliches ansah. Die andere Hälfte landete im Vatikan. Bis auf den heutigen Tag liegen sie dort unten im Keller.

Diese Tafeln sprachen von der Wahrheit. Sie sprachen davon, wer ihr seid, und was euer Erbe ist, und worauf ihr euch <als nächsten Evolutionsschritt> freuen könnt. Sie verwarfen jede Art von Religion, denn es gab keine Religion. Es gibt einzig und allein das Leben, welches Gott ist.

Diese Tafeln sprechen davon, auf welche Weise diese Personen ihr eigenes Bildnis in Stein erschufen und auf welche Weise sie die Steine dorthin bewegten, wo sie sie haben wollten. Sie schildern, daß jene Leute dorthin gingen, wo die Statuen hinblicken. Und die Tafeln versprechen, daß sie zurückkommen werden.

Welche Art von Geist <Geisteshaltung> würde eine Wahrheit wie diese nehmen und sie vernichten? Ist es ein Geist, der fähig ist zum Aberglauben? Ja. Ist es ein Geist, der fähig ist zur Angst? Ja. Ist es ein Geist, der Macht braucht? Ja. Ist es ein Geist, der ein Image braucht? Ja.

Diese Wesenheiten, mit denen ihr Kontakt zu haben wünscht, sind die Basis-Leute dieser Lehrer. Und sie würden nicht einmal mit euch sprechen wollen, wenn ihr Aberglaube, Angst oder Begrenzungen in eurem Verständnisbereich habt. Warum sollten sie den Versuch machen, mit euch zu sprechen, wenn ihr nur das zu hören, zu verstehen und zu glauben imstande seid, was zu eurer Vorstellung von Wahrheit paßt?

Das grandiose Stonehenge hatte lebendige Gesteinstafeln, die exakt davon sprachen, wofür es geschaffen wurde. Die lebenden Schrifttafeln wurden während dem Dunklen Zeitalter in Stücke zertrümmert und in das Meer geworfen. Man nannte sie das "Werk des Teufels".

Die Pyramiden enthielten Tafeln im lebenden Gestein, die von jenen berichteten, die von jenseits der Sonne gekommen waren, um über die

Wissenschaft des Lebens zu lehren. Die Pyramide diente vielen Zwekken, aber ihr vielleicht größter Zweck lag darin, daß sie bis zur heutigen Zeit alles überdauert hat, sogar die gewaltsamen Eingriffe und die Plünderung ihrer herrlichen Kappe und ihrer Oberfläche. Die Pyramide würde alles überstehen, im lebenden Gestein. Sie ist ein Zeugnis an die Menschheit, daß die Wahrheit in eurem Innern ist.

Pyramide heißt "Feuer in der Mitte", was bedeutet, es ist *in euch*. Sie stand als ein Wahrzeichen für alle Zeitalter, um euch darin zu bestärken, nicht zu vergessen, wer und was ihr seid. Sie löst in eurem Innern emotional etwas aus. Ihre Tafeln wurden entfernt, als der Nil geändert und der Damm geschaffen wurde. Viele unterirdischen Gänge gingen verloren; sie sind jetzt unter Wasser. Aber das wird sich ändern, denn der Nil wird sich wieder verändern und ebenso werden es die Dämme.

Die Wahrheit ist, daß die Wahrheit niemals vor euch verborgen gehalten wurde. Zivilisationen, die eure genetischen Brüder waren, haben zuvor hier offen gelebt; das wurde niemals verborgen gehalten. Sie wollten, daß ihr es wißt, weil sie verstanden, wie wichtig die Bewahrung der Wahrheit ist. Heute gibt es nur noch einige wenige Plätze, wo ihr euch etwas ansehen könnt und dessen Wahrheit kennt, denn die Alten Bücher und Schulen sind im Namen von Gott, und von Religion, und von Macht, vernichtet worden. Die Bücher der Wissenschaft und Wahrheit und die große Bücherei von Alexandria sind vernichtet worden.

Alexandria war im Besitz dieser Wahrheiten und es wurde niedergebrannt.

Euer Planet hätte schon vor 10.000 Jahren Schutt und Asche sein müssen. Er wurde mehrere Male gereinigt. Zivilisation ist schon zuvor vernichtet worden durch die Freisetzung des Atoms. Wußtet ihr, daß es eine Zivilisation gab, die mittels Alchemie das Atom und dessen Energiequellen entdeckte, aber nicht wußte, wie man es im Zaum hält? Wußtet ihr, daß das früher schon geschehen war?

Es waren jene grünen Feuerbälle, die diese Atmosphäre wiederhergestellt haben. Es gibt wohlwollende Wesen, die euch beobachtet haben und für euch gesorgt haben, und sie möchten, daß ihr sie kennt. Aber sie können es euch nicht wissen lassen, bis ihr nicht bereit dazu seid zu wissen. Ihr müßt dazu bereit sein, eine Wahrheit zu verstehen, die nichts mit Religion zu tun hat.

Jene Steinstatuen sind keine religiösen, zeremoniellen Masken. Sie sind die Gräber der Lebenden. Sie zeigen die Stelle an, von der jene Leute weggegangen sind.

Jene großen Markierungslinien, die von weit oben sichtbare Zeichen sind, sind Plätze, wo Wesenheiten ankamen und abflogen. Es war ein Landeplatz. Das ist nichts Religiöses! Das war ein Landeplatz. Wohin gingen diese Leute? Sie gingen weg bevor die Erde gewaltigen Veränderungen anheimfiel. Und sie werden zurückkommen.

Heute ist noch immer eine Verschwörung im Gange, die versucht, aus euch das Verlangen wegzulöschen, Wahrheit zu wissen, jene Essenz nämlich, die relativ ist. Von der Gesellschaft eingeprägte Muster mögen noch immer an euch nagen und rufen: "Nichts von all dem existiert." Nun, es existiert. Jene Lehrer sind die Engel in den Religionsbüchern. Sie leben in der Legende fort. Ihr Job war es, euch zu zivilisieren, euch zu lehren, euch Ethik zu vermitteln und euch ein Streben nach etwas zu übermitteln, für das ihr leben könntet. Sie wollten euch dazu bewegen, euer Gehirn zu benutzen, während ihr statt dessen ununterbrochen versucht habt, es zu zerstören und zwar infolge jenes kleinen genetischen Defekts in euch, der auf Selbst-Zerstörung gerichtet ist. Sie haben versucht, das umzuwandeln.

Diese Wesenheiten wären glücklich, euch zum Einsatz zu bringen, aber ihr müßt euch das Recht dazu erwerben, indem ihr die mentale Verschwörung abschafft und begreift, daß sie <diese Wesenheiten> real sind. Sie sind es. Und ihre Wirklichkeit ist nicht zu eurer Unterhaltung gedacht. Sie sind außergewöhnliche Wesen, die vollständig wissen, worum es sich beim "unsterblichen Leben" handelt. Sie wissen, wie man dieses unsterbliche Leben in Fleisch und Blut geschehen macht. Sie wissen, wie man euren Geist zum Einsatz bringt und euch geistig emporhebt, und sie möchten das tun. Ich bin hier, um euch dafür bereit zu machen, und das tue ich jetzt schon seit sehr langer Zeit. Mein Job ist es, das Image in diesen Affenverstand-Schranken niederzureißen, die ihr um euch herum hochgezogen habt. <Mit "Affenverstand" meint Ramtha das begrenzte Denken des Menschen, der das Gehirn zu weniger als einem Drittel benutzt.>

Sind sie real? Existieren sie wirklich? Selbstverständlich existieren sie. Zeigt niemals eure Unwissenheit, indem ihr denkt, ihr wärt die einzigen, die existieren. Und zeigt niemals eure Unwissenheit, indem ihr denkt, ihr wärt fortentwickelt, denn das seid ihr nicht.

Niemand wird kommen und euch in einem Raumschiff mitnehmen, damit ihr irgendwoanders leben könntet. Einige von euch haben bereits woanders gelebt. Einige von euch sind Teil jener genetischen Leute in jenen damaligen fortgeschrittenen Zivilisationen, denen das Glück beschieden war, von einem der 13 großen Lehrer zu lernen. Und einigen von euch ist das Glück beschieden, wieder zurück zu sein, um von einem weiteren großen Lehrer zu lernen!

Ich weiß, was ihr zu wissen und zu sehen fähig seid, und zu was ihr nicht fähig seid. Ich tragt eure Begrenzungen wie Kleidungsstücke. Ihr tragt euren begrenzten Geist wie ein Rangabzeichen fürs Opfersein. Ich weiß, was zu lernen ihr fähig seid, und es gibt einige wenige, die imstande sind, den ganzen Pfad vollständig zu gehen. Und es gibt andere von euch, denen die Geduld und die Ausdauer fehlt.

Einige von euch haben nicht die Zeit, oder das Verlangen, um demütig genug zu sein zu erkennen, daß ihr doch noch nicht alles wißt, und ihr werdet nichts sehen oder lernen. Aber einige wenige von euch werden <sehen und lernen>, und dazu ist erforderlich, daß ihr lernt, abstrakt zu sein.

Jene 593 Leute wurden aus dem Schoß und den Lenden geboren. Sie waren Menschen genau wie ihr. Sie konnten sich glücklich nennen, daß sie in ihrer Evolution die Seiten des Lebens umblätterten und immer weiter umblätterten. Und weil sie das taten, zogen sie jene großen Lehrer zu sich heran, und jenes große Wissen erlaubte es ihnen, sich zum Einsatz zu bringen und zu erschaffen, mit Freude. Sie würden ganz woanders hingehen und das wußten sie. Ihr nächstes Abenteuer war *da draußen,* und sie magnetisierten die Lehrer zu sich heran, die ihren Geist zum Einsatz bringen und inspirieren würden, damit sie vorwärtsgingen. Und sie gingen von hier weg, ohne zu sterben; sie leben nach wie vor an diesem heutigen Tag! Sie waren genau wie ihr. Mit einer Ausnahme, sie hatten keine Haltung von Begrenzung und kein Brandmal von Aberglaube. Euer spirituelles Dogma kann euch tatsächlich hier festhalten, während andere Leute woanders Fortentwicklungen machen.

Die schwerste Sache, die ihr tun müßt, ist, eure Einstellungen durchzureinigen. Ihr wollt an den Konzepten eures Todes und des Sterbens festhalten. Ihr wollt an eurem Image festhalten. Ihr wollt an eurer dummen Unwissenheit festhalten. Ihr wollt daran festhalten, wie eurer Meinung nach <göttlicher> Geist sein sollte. Ihr wollt daran festhalten, wie sie eurer Meinung nach aussehen sollten und was es mit ihnen auf sich haben sollte. Ihr wollt an euren kleinen Ritualen festhalten, die euch irgendein schwaches Gefühl von Bedeutung geben. Durch all diese Dinge haben eure Lehrer hindurchbrechen müssen. All diese Unwissenheit muß zum Einsturz gebracht und bloßgelegt werden, um euch von eurem Müll zu befreien.

Jene 593 Wesen waren Teil einer sehr fortentwickelten Schule und sie machten sich selbst dessen würdig, in diese Schule zu gehen. Sie wollten lernen, und als eine Folge davon erschuf ihr Wollen eine dementsprechende Wirklichkeit. Jene Wirklichkeit erschuf dann die Erfahrung, die wiederum erzeugte stärkeres Wollen, was wiederum Wirklichkeit erschuf. Diese Wirklichkeit erschuf dann die Erfahrung, und es wuchs immer weiter und weiter.

Interdimensionaler Geist ist die Fähigkeit zu lernen, ist die Fähigkeit, Wissen zu erlangen. Wenn ihr imstande seid, draußen unter dem schwarzen Himmel in völligem Frieden zu sitzen und dem Gott zu erlauben hervorzukommen, wird sich etwas zwischen euch und jenen grandiosen Leuten verbinden. Weil ihr rein sein werdet. Reinheit entsteht durch das Niederreißen des Image, so daß ihr imstande seid, euch hinzusetzen und einen Mitternachtshimmel zum Einsatz zu bringen.

Die legendären Lehrer jener Zeit vor 10.000 Jahren legten die Keim--Wahrheit hinein in genetische Nachkommenschaft, um sie weiterzutragen, und sie ließen den Keim der Wahrheit gemeißelt in lebendem Stein zurück, damit jener Gedenkstein, ganz gleich was die Erde durchmachen würde, dort vorhanden bleiben würde. Sie wußten, daß eines Tages jemand diesen Riesen ins Gesicht blicken und davon zutiefst beeindruckt sein würde und fragen würde: “Wie kam das hierher?” Sie ließen jene Statuen zurück für die Individualisten, die diese gehirnwäschenartige Erklärung, daß sie “als ein Ritual für einen heidnischen Gott gemeißelt wurden”, nicht akzeptieren würden.

Ja, man hat sich um euch gekümmert wegen jenes kleinen zerstörerischen Elements in euch. Ja, ihr seid in der Tat beschützt worden, weil ihr es gebraucht habt.

Genau in diesem Moment ist eure Erde dabei zu sterben. Keiner <von euch> will die Veränderungen machen, die notwendig sind, um etwas Unterschiedliches zu bewirken. Aber ihr müßt jetzt einen klaren Standpunkt vertreten! Diese Wesenheiten wissen das, und sie huten einige wenige. Sie inspirieren einige wenige, weil sie wissen, was bevorsteht. Und jener Keim ist eine Wahrheit, der niemals in der genetischen Seelenlinie des Menschen hier auf dieser Ebene verloren gehen wird.

Und ja, es gibt einige, die diese Ebene hier verlassen werden. Sie sind bereit zum Weggehen. Vielleicht *möchten* sie nicht einmal weggehen, aber sie sind *bereit* wegzugehen. Es ist Bestandteil ihrer Evolution. Eines Tages werden sie einfach weg sein. Niemand wird wissen, wohin sie gingen, es sei denn, auch sie meißeln ihr Bildnis in Stein und lassen es irgendwo zurück, wo es in den Himmel hinaufschaut. Und es gibt wiederum andere, die Weisheit erlangen werden, und sie werden den nächsten Evolutionsschritt der Erde überstehen, und vielleicht seid ihr einige jener Leute.

Laßt es uns hoffen, um euretwillen, daß ihr imstande seid, euren Affenverstand irgendwie umzuwandeln, indem ihr still seid und dem Gedanken erlaubt hervorzukommen, der euch in Kontakt bringen wird. Und laßt uns hoffen, daß es einige von euch gibt, deren Bewußtsein wachsen wird, um eine Wirklichkeit zum Einsatz zu bringen, die bizarr, aber höchst beachtlich ist. Und laßt uns hoffen, um euretwillen, daß es euch ernst damit ist. Denn wenn es euch nicht ernst damit ist, werdet ihr mit eurem Aberglauben, eurem Dogma, und eurem "gut" und "schlecht" und "positiv" und "negativ" übrigbleiben. Ihr werdet übrigbleiben mit euren kleinen Ritualen, die dafür sorgen, daß ihr euch wohler fühlt. Indessen werdet ihr nach wie vor eure Automotoren anschalten, und ihr werdet nach wie vor Dinge aus Plasik haben, die ihr nach wie vor wegwerft, und ihr werdet zusammen mit dieser Erde vernichtet werden, *wenn ihr euch nicht ändert.*

Eure Brüder sind wahrlich nicht im Begriff zu versuchen, auf eine Gruppe von Kindergartenkindern aufzupassen, sondern vielmehr bemühen sie sich, einige großartige Wenige großzuziehen. Sie möchten nicht auf euch aufpassen. Sie möchten daß ihr jenes kleine Ding in euch, das selbst-zerstörerisch ist, loswerdet, so daß ihr imstande seid, mit der Evolution weiterzumachen. Ihr besitzt einen Geist, der im Nu fähig ist, interdimensional zu sein. Sie möchten, daß ihr erwachsen werdet und daß ihr seid, was ihr eigentlich sein solltet, *erleuchtet,* nicht im Dogma und spirituellem Mumpitz, sondern als erleuchtete Wesen.

Keine der Aktivitäten dieser großen Wesen ist religiös in ihrem Ansatzpunkt, obgleich sie das Konzept von Religion geschaffen haben. Sie schufen die Engel, die das Volk aus den Wüsten führten und ihm sagten, es solle ein neues Leben beginnen. Sie übermittelten den Leuten eine Ethik-Grundlage. Sie haben das alle Zeit hindurch gemacht, um die Menschen aus der Pest und der Unwissenheit herauszuziehen, und um euch ein Gefühl für das Erreichen eines moralischen, fundamentalen Lebens zu geben. Sie haben sich abgemüht, den frühen Menschen aus den Höhlen herauszubekommen, und euch zu stoppen, wie Wilde herumzukriechen. Sie haben sich abgemüht, euch dazu zu bringen, aufrecht zu gehen und euch einen Sinn und Zweck zu geben. Und sie gaben euch das Konzept von Gott. Und Gott war im Himmel. Sie mußten dies so tun. Euer Geist mußte das haben, um sich fortzuentwickeln, aber das hatte niemals "Religion" zur Grundlage. Es wurde geschaffen, um Menschen zum Erblühen zu bringen, und das ist auch alles, was wir jetzt hier machen.

Interdimensionalen Geist zu verstehen, das geht nicht. Ihr müßt es schlichtweg *sein*. Und das geschieht in dem Augenblick eines freien Gedankens. Und um das zustande zu bringen, werdet ihr euer Denken vollständig umwandeln müssen! Jene Wesen, jene Lehrer aus der Zeit vor 10.000 Jahren, lehrten Wissenschaften, die sich auf den Gedanken gründeten, denn dort ist es, wo die Macht ist. Die Macht ist im Innern der Person. Und der Weg, um euren Affenverstand umzuwandeln, liegt darin, still zu sein und alleine zu sitzen, im Freien, und zu *sein*. Und dann wird der Gedanke kommen, und dies wird beginnen, euch in Verbindung zu bringen. Ich kann euch nicht lehren, wie man das macht, ihr müßt es einfach tun, und es sein.

Wenn von außen keine Anforderung auf euch *einstürmt*, dann werdet ihr nicht eine Polarität zum Einsatz bringen. Wenn von außen keine Anforderung auf euch einstürmt, dann werdet ihr den Augenblick haben, um zu *denken*. Dies ist der Augenblick, in dem ihr euch mit diesen großen Göttern verbindet.

Diese großen Götter bedeuten "Geschäftliches". Sie werden nie ohne besondere Absicht zu euch kommen. Sie werden sich euch nicht am Nachthimmel zeigen, es sei denn ihr magnetisiert sie zu euch; Gleiches zu Gleichem. Sie werden nicht ohne einen Grund kommen. Und der Grund wäre, daß ihr euch auf ihre Verständnisebene hineinbewegt.

Sie werden nicht kommen, um euch zu schnappen und euch auf ein Feuer zu legen und auf einem Spieß zu drehen. Sie wollen euch nicht essen. Diese Wesenheiten sind auch nicht hier, um euch zu befruchten, das haben sie bereits getan. Sie sind hier, um einige wenige von euch zum Einsatz zu bringen, und diese Auswahl treffen sie, nicht ihr. Ihr müßt euch dessen würdig machen, dadurch daß ihr den Müll wegräumt und eurem Geist erlaubt, *eins* zu sein. Alles was ihr tun müßt, ist, imstande zu sein, euch in *einem* Geist anzuschließen. Wenn ihr eure Wirklichkeit vollgemalt habt mit all euren Lieblingsbeschwerden, eurem Image, eurer Urteilshaltung, und euren Erwartungen, dann habt ihr keinen Platz mehr für sie, und ihr könnt unmöglich ein Erlebnis haben.

Glückseligkeit bedeutet, die innere Anmut zu haben,
um einen Augenblick zu entdecken,
der ohne die Illusion der Vergangenheit
oder der Zukunft ist.
Es ist ein Augenblick,
da Zeit unwirksam gemacht wurde,
in dem man jener Augenblick sein kann.

Kapitel 3

Die Kunst des Seins. Ein einfacher Weg, den Affenverstand zu überwinden und einfach nur zu *sein.*

Der Prozeß des Überwindens eures Image und eures Bedürfnisses zu urteilen, ist für euch nicht leicht. Ein einfacher Weg, diesen Prozeß zu beginnen, ist, ins Freie zu gehen zu einem Platz, wo es keine anderen Menschen gibt, die euch ablenken könnten.

Setzt euch dort nieder, wo ihr euch keine Sorgen darüber macht, wer vor euch stehen könnte oder wer euch im Hintergrund beobachten könnte. Wenn ihr zusammen mit anderen Leuten gehen müßt, um euch bei dem, was ihr hier tut, angenehmer zu fühlen, setzt euch in eine Linie, nicht in eine zusammengedrängte Gruppe. Nehmt mit, was immer ihr braucht, um euch bei diesem kleinen Rückzugsort im Freien wohlzufühlen. Nehmt etwas mit, um darauf zu sitzen, und etwas, um darauf zu liegen.

Sitzt still dort und laßt euren Geist zur Ruhe kommen, bis nichts mehr existiert, außer euch und der Ewigkeit.

Nach einer Stunde oder so, von Momenten, nachdem ihr in das Schwingen der Dinge gelangt seid und begonnen habt, nichts als Sein wahrzunehmen, da wird ein Augenblick des Wissens kommen. In diesem inneren Wissen werdet ihr ein Erhobensein eures Wesens fühlen, das daher kommt, daß ihr wißt. Das ist völlig absichtlich so. Es ist für euch wichtig zu wissen, daß dies geschehen wird. Mit eurem inneren Wissen werdet ihr zugleich eine Sinneswahrnehmung erleben. Ihr mögt eine Gänsehaut an eurem ganzen Körper bekommen. Ihr werdet nicht wissen warum, aber es ist deshalb, weil ihr einiges von eurem Kram <Affenverstand> ausräumt. Ihr müßt dort lange genug bleiben, um über alle eure Gedanken hinauszugelangen.

“Warum sitze ich überhaupt hier?”

“Ich habe gedacht, ich würde jetzt langsam mal ein Raumschiff sehen?”

“Werden sie uns denn nicht auf einen Rundflug mitnehmen?”

Ihr müßt dort lange genug sitzen bleiben, um über diesen Kreislauf des Denkens hinauszugelangen, denn nur dann werdet ihr den *Gedanken* haben. Wenn ihr den Gedanken habt, das Verstehen, dann schaut sofort nach oben, und ihr werdet ein wundervolles Zeichen am Himmel sehen. Es ist ein Beginn, das ist alles, was es ist.

Es ist der Beginn des Prozesses von “Sein”. Sein bedeutet schlichtweg, sich selbst zu erlauben, aus dem subjektiven Geist des Image entlassen zu werden. *Sein* ist eine der größten Lehren, die es gibt, denn es gibt eine Kunst des Seins. Sein bedeutet schlichtweg, daß ihr euch selbst *zulaßt*. Es bedeutet, daß ihr euch selbst erlaubt, aus dem subjektiven Geist des Image entlassen zu werden. Es bedeutet, einfach nur zu sein.

Sein bedeutet, eins zu sein mit dem Nachtwind. Ihr könnt ihn fühlen. Ihr seid der Nachtwind. Um Sein handelt es sich, wenn ihr zu der Ewigkeit hinaufschaut und es keine Trennung gibt zwischen euch und der Ewigkeit. Das ist Sein.

Und da gibt es nichts, das sagt: “Laßt uns darüber reden, was wir gerade sahen.” Seid einfach nur, sprecht nicht darüber. Es ist für euch notwendig, sehr oft einfach nur zu sein. Denn im einfach-nur-Sein werdet ihr lernen, worum es beim “außergewöhnlichen Geist” wirklich geht. Ihr müßt die Erfahrung davon machen.

Bleibt dort so lange sitzen, wie ihr an diesem Platz sitzen möchtet. Wenn ihr zur Toilette gehen wollt, wenn ihr hungrig werdet und etwas essen wollt, und ihr müde werdet, und ihr in Wirklichkeit lieber ins Bett gehen wollt, steht auf und tut das. Sitzt nicht dort, nur weil ihr einem Freund beweisen wollt, daß ihr wahrlich dieses Wissen haben wollt. Schaut diesen Dingen klar ins Gesicht, wenn ihr nichts als ins Bett gehen wollt, ist das in Ordnung. Es ist besser, ehrlich zu sich selbst zu sein, als weiter im Dunkel auf einem Hügel sitzen zu bleiben, nur weil ihr meint, ihr müßtet es. Das wird euch nichts bringen, außer einer Wirklichkeit von Opfersein. Aber ihr solltet so lange bleiben, wie ihr dazu imstande seid.

Und denkt daran, die größte Aktivität findet statt, wenn eure Nacht zum Morgen überspringt.

Zu meiner Zeit waren weit mehr Sterne am Nachthimmel zu sehen, und wir hatten zwei Monde. Nun, einer davon war in Wirklichkeit ein Raumschiff. Es sah nur aus wie ein Mond. Aber es gab zwei Kugeln am Himmel.

Nicht alles am Nachthimmel ist das, was es zu sein scheint.

Niemals zeigt eine solche Unwissenheit zu meinen, daß in Anbetracht von zehn Milliarden Sonnen in der Milchstraße dieser mitleiderregende kleine Staubfleck im äußersten Winkel des Geistes Gottes der einzige Ort ist, der Leben trägt.

Während meiner Lebenszeit saß ich draußen auf einem sehr großen Felsen, und ich dachte über den Zauberer Mond nach. Und ich dachte auch über einen anderen Mond nach. Ich dachte ziemlich viel über ihn nach; war sein Verlauf doch sehr unregelmäßig, überhaupt nicht wie der des Zauberers. Ich saß da draußen und paßte auf und beobachtete. Dies ist die Weise, wie ich lernte.

Euer Image und euer nach dem gesellschaftlichen
Bewußtsein ausgerichtetes Empfinden weiß nur das,
was die Verschwörergruppe der Zivilisation
euch erzählt hat, und sonst nichts.
Ihr seid buchstäblich gelehrt worden,
alles, was davon abweicht, anzuzweifeln.
Ihr habt "gelernt", alles zu vernichten,
was von der Art abweicht,
wie die Gesellschaft es haben will,
daß eure Auffassung von Gott aussieht.

Kapitel 4

Der Computer-Gott.
Und eine Erzählung von zwei Städten.

Im Jahre 1956 gab es einige Forscher, die per Luftbrücke Vorräte nach Neuguinea schickten. Eine ihrer Kisten fiel in die Hände von Leuten eines sehr abgelegenen Stammes.

Sie sind keine zivilisierten Leute, wie ihr es seid.

Der Stamm öffnete die Kiste, und sie fanden alle möglichen wundervollen Dinge, die sie nie zuvor in ihrem Leben gesehen hatten. Es gab da Blechdosen, die Lebensmittel enthielten, und Blechdosen mit Tabak und Geräten. Und der in ihren Augen kostbarste Besitz aus dieser Kiste war eine Landkarte.

Es war eine Straßenkarte mit Neuguinea auf der Vorderseite und der Halbkugel auf der Rückseite. Dieser Stamm war derart in Euphorie aufgrund dieser Errungenschaft, daß ein völlig neuer Kult wie wild durch alle Stammesgruppen hindurchraste. Das war eine ganz große Angelegeneit, die sich da ereignet hatte.

Sie hatten niemals zuvor eine Frachtkiste mit Vorräten gesehen. Sie hatten niemals Dosen mit Lebensmitteln gesehen, und sie hatten niemals Geräte oder Tabakwaren gesehen. Und sie hatten natürlich niemals zuvor eine Landkarte gesehen, und sie hatten niemals zuvor ein silbernes Luftschiff gesehen, das solche Schätze vom Himmel herabwarf. Ein ganz neuer Kult begann zu toben, und sie fingen an, so gut sie es vermochten, sich genau so zu kleiden, wie auf den Bildern der Dosen. Und sie benutzten die Geräte in heiligen Riten und Zeremonien für die Götter. Diese Navigationsgeräte und Straßenbaugeräte wurden bald schon als heilige zeremonielle Artefakte betrachtet. Sie betrachteten die Landkarte als den von den Göttern gesandten Code, der den Eingeborenen mitteilen sollte, wie sie Gott finden würden.

Als die Forscher losgingen, um ihre Fracht in Empfang zu nehmen, wurden sie als die "Götter von oben" empfangen. Ihnen wurden die besten Frauen des Stammes gegeben, die besten Ziegen, und die wertvollsten Metalle. Und die Eingeborenen warfen sich zu Boden und begannen, sie anzubeten. Sie brachten die Forscher sogar in dem Tempel unter, den sie um die Artefakte herum gebaut hatten.

Sie waren, "selbstverständlich", unzivilisierte Leute.

Eines der Dinge von Board des Flugzeugs war ein Flugschein. Auf diesem speziellen Flugschein waren Anweisungen darüber, wie der Computer Plätze festlegte. Diese <Computer-> Sprache wurden den Eingeborenen von den Besuchern übersetzt, und sie wurde zu deren Mantra <ritueller Gebetsgesang>, denn sie entschieden, daß der Computer der Höchste Gott sei, da der Computer Schicksal festgelegt hatte.

Wir seufzen und stochern in den Zähnen und denken: "Nun ja, das ist deshalb so, weil sie es halt nicht besser wußten." Ich sage euch, ihr seid ihnen ziemlich gleich. Ihr seht Artefakte, die aus den Alten Zeiten übrigblieben, und ihr wollt sie mit einer Gottheit, mit persönlichem Schicksal, mit Gott in Verbindung setzen. Ihr seid im wesentlichen genau wie diese Stammesleute, die neue Dinge fanden, welche vom Himmel herabgefallen waren, und die begannen, diese persönlich zu nehmen, indem sie glaubten, daß ihr gesamtes Schicksal von einem Computer in irgendeiner fernen Stadt bestimmt würde.

Als ich euch sagte, daß ihr, wenn ihr einen interdimensionalen Geist haben wollt, lernen müßtet, Dinge nicht persönlich zu nehmen - nicht subjektiv, sondern objektiv - da sagte ich euch genau das, was ihr zu hören benötigtet. Jene Wesenheiten sind nicht wegen einer subjektiven Mission hier; sie sind hier wegen eines objektiven Zweckes. Ihre Absicht ist es, diese Ecke des Universums ins Gleichgewicht zu bringen, diese Ecke nämlich, die zur Zeit von wilden, unzivilisierten Leuten bewohnt wird, die bei weitem nicht so freundlich, und einfach, und friedfertig, und rührend unwissend sind, wie jene Stammesleute, sondern die statt dessen todbringend sind, dadurch daß sie auf der Zerstörung von allem beharren.

Wenn ihr wegen persönlicher Verherrlichung oder für den Zweck des Anbetens den Kontakt wollt, dann habt ihr euch - im Bewußtsein - von großem Geist abgetrennt. Das Bedürfnis nach persönlicher Verherrlichung trennt euch von großem Geist. Alles, was ihr als außerhalb von euch auffaßt, trennt euch von der Fähigkeit, sie <diese Wesenheiten> zum Einsatz zu bringen.

Bewußtsein muß objektiv sein, genausosehr wie es die Fähigkeit besitzen muß, abstrakt zu sein. Ihr müßt die Fähigkeit des Beobachtens besitzen und *eins* sein mit dem, was ihr beobachtet, nicht geringer sein als das, was ihr beobachtet, nicht auf einen Heiland oder auf Erlösung warten, sondern euren Blick vielmehr auf eine Gleichstellung richten, auf eine Gelegenheit, um im dynamischen Wissen vorwärtszuschreiten.

Wo sind die Überreste der vergangenen großen Zivilisationen, die beweisen würden, daß diese Lehrer existierten und daß interdimensionaler Geist vor kurzem vorkam? Die Überreste sind nicht leicht als Maschinen wiederzuerkennen, in der Art wie ihr Maschinen heutzutage auffasst, oder wie ihr "Lernen" heutzutage auffasst.

Ein deutscher Wissenschaftler erkannte, daß die abgeflachten Steine, die er in einem Museum in Bagdad gesehen hatte, keine religiösen Relikte waren, sondern daß sie über 2000 Jahre alte Batterien des Altertums waren. Hätte er nicht erkannt, was sie wirklich waren, würden sie immer noch als identifizierte religiöse Steine in einem Museum liegen.

Ein Entdecker fand in einer Höhle altertümliche Landkarten, die auf 1 Jahrhundert n. Chr. zurückdatierten. Die Landkarten zeigten deutlich das Mediterranische Gebiet aus der subjektiven Betrachtungsweise jener Person, denn es gab keine “bekannte Welt”, und dennoch war die Landkarte seltsam, denn sie zeigte das Mittelmeer, die Arktis und die Antarktis, beide Teile Amerikas, nämlich das Nördliche und das Südliche, und zudem war es eine Luftbildkarte. Es wurde eine weitere Landkarte gefunden etwa aus der Zeit, als Kolumbus ins Unbekannte segelte. (Wenn Kolumbus diese Karte gefunden hätte, wären die Dinge für ihn um vieles leichter gewesen). Auch diese Landkarte war in einer Höhle gelegen.

Auf Yukatan in Bolhezia gibt es Höhlen, in denen sich Zeichnungen von allen Sternensystemen befinden. Sie wurden vor über 15.000 Jahren angefertigt. Auf diesen Zeichnungen sind viel mehr Sterne verzeichnet, als ihr sie heutzutage sehen könnt, und auf ihnen sind sogar Eintragungen mit Linien und Koordinaten, die von der Venus zu dieser Erde führen.

Wer fertigte sie her? Warum sind sie in einer Höhle? Warum sind sie nicht draußen, wo jeder sie sehen kann? Weil Höhlen ein offensichtlich natürliches Versteck für Wahrheit sind, ein Platz also, über den der neugierige Mensch früher oder später stolpern würde. Nebenbei bemerkt, alles was offen für euch als eine Wahrheit errichtet wurde, habt ihr buchstäblich zerstört, verbrannt oder fortgeschwemmt. Ihr habt behauptet, es sei dämonisch, satanisch oder heidnisch.

Woher kamen die Götter? Sie kamen von mehreren Orten. Die Götter sind, was ihr seid, nur fortentwickelt. Sie führen die höchste Psyche des Menschen vor, gebildet im Bewußtsein. Sie sind jenseits der Schranken und Begrenzungen von subjektiven, banalen Anschauungen. Sie sind im überragendsten Sinne des Wortes “reines Wissen”.

Laut Geschichtschreibung der Alten Zivilisation der Eskimos, war die erste Zivilisation von Menschen die großartigste Zivilisation, die je gelebt hat, weil es Menschen waren, die alles Wissen besaßen. Sie verstanden durch und durch die Sternnebel und die vier Ecken des

Firmaments, und sie hatten sich selbst ausersehen, im Weltraum hin und her zu fliegen. Diese Zivilisation war hier auf der Erde stationiert. Die Eskimos sind ursprünglich nicht vom frostigen Norden; sie sind ursprünglich aus Ceylon. Wie gelangten sie dahin, wo sie jetzt sind? Ein Teil ihres Volkes wurde von jenem Stützpunkt weggebracht, und ihre Alte Überlieferung spricht von grandiosen Lehrern, die in silbernen Vögeln kamen und sie in den Norden transportierten. Und bis zum heutigen Tage warten sie auf die Rückkehr jener Lehrer.

Es gab eine große Stadt in der Nähe eines Sees, der jetzt weit oben in einer Hochebene liegt. Es waren zwei Städte, die es dort gab, und die Leute dort waren sehr fortgeschritten, ganz so wie ihr. Sie hatten das gleiche Fleisch und Blut, die gleichen Augäpfel; sie alle gingen zur Toilette, genau wie ihr auch. Indessen, sie waren sehr fortgeschritten. Mit der einen Ausnahme, sie unterwarfen sich dem menschlichen Elend, und dem Schmerz, und der Trennung des Menschen vom Menschen. Sie hatten mittels Alchemie die Möglichkeit entdeckt, Materie aufzulösen und deren Energie freizusetzen. Sie hatten die Macht der Bombe, und sie machten Gebrauch von ihr.

Es wurde eine große Entscheidung im Konsortium getroffen, die Art von Entscheidung nämlich, die auch jetzt im Begriff ist, getroffen zu werden. Es wurde die Entscheidung getroffen, jenes genetische Geschlecht abzuschaffen, denn jene Menschen haben ein im Wissen zusammenbrechendes Bewußtsein fortgepflanzt. Sie haben eine Dekadenz des Menschen fortgepflanzt. Sie waren im Begriff, im Bewußt sein zu sterben, und verehrten Wissen nur bis zu dem Grad, wie es ihnen als mächtigen Menschen, die andere unterwerfen konnten, diente. Und sie waren im Begriff, die Lebenskraft auf dem Planeten zu töten.

Einem Sterblichen wurde es erlaubt, an jenem Tag im Raumschiff mitzufliegen, um das niederzuschreiben, was geschah. Und was gesehen wurde, ist dokumentiert in den Alten Büchern, den *Ramanaia,* meines Volkes. *Ein* Mann flog in diesem großen und herrlichen Raumschiff mit und beobachtete wie - in einem schrecklichen Augenblick - ein Lichtschwall wie eine Säule aus weißem Feuer kam, mächtiger als zehntausend Sonnen, und im Handumdrehen zwei große Zivilisationen auslöschte, die mit ihrem Verfall auf dieser Ebene begonnen hatten. Im Nu waren sie verschwunden. Und ein einziger Mann flog in dem Raumschiff mit und beobachtete, wie es geschah.

Das Haar und die Fingernägel der Überlebenden fielen aus, und ihr Fleisch fiel von ihrem Körper ab. Ihre Tiere und Vögel wurden weiß, und ihr Wasser war vergiftet, und ebenso auch ihre Felder. In nur einem Augenblick war ihre genetische Linie auf immer und ewig verschwunden.

Grausam? Ich möchte, daß ihr aufwacht und wißt, womit ihr es hier zu tun habt. War das grausam? Was ist mit dem freien Willen? War das Gott, der jemand anderem Schmerz zufügte? Wer urteilt darüber?

Jene Hochebene existiert noch immer bei jenem großen See. Es gibt dort Höhlen, die Spuren davon zeigen, wie diese Zivilisation ausgesehen hat.

Die Entscheidung wurde getroffen, weil diese Leute die Energie von Materie freigesetzt hatten. Sie waren deutlich sichtbar in Dekadenz verfallen. Sie waren der Hingabe zum physischen Körper verfallen und sie verfielen dem, was ihr "Macht" nennt. Sie beherrschten ihren Teil der Halbkugel mit atomarer Energie. Aber sie waren dekadente Menschen, die im Begriff waren, die Gesamtheit der Welt zu ruinieren und zu bedrohen.

Es liegt an jenem kleinen Chromosom; es ist jenes kleine Chromosom, das sie in sich trugen. Und sie hätten sich nicht mehr weiterentwickelt, als bis zu dem, was sie an Macht erlangt hätten.

Die Entscheidung, daß dies, die Nemesis der Zivilisation, vernichtet werden sollte, wurde getroffen zum Besten der ganzen Welt und für alle künftigen Zivilisationen. Und im Handumdrehen waren sie verschwunden.

Und dieser wundervolle Mann, der in dem Raumschiff mitflog, schrieb darüber in seinen Texten.

Woher kam Religion? Woher stammte dieses Bild von einem schrecklichen Gott, der euch bestrafen würde, falls ihr nicht gut wärt? Dies hier ist ein Beispiel für die Drohung, die euch zu dieser Schlußfolgerung geführt hat.

Was ich euch erzählt habe, ist keine Sage. Es ist die Wahrheit. Dies ist kein Mythos. Was jenen Städten widerfahren ist, geschah nicht wegen irgendeines lächerlichen Dogmas. Es geschah nicht unter der Schirmherrschaft irgendeines Priesters oder irgendeines Gesetzes, das Menschen untereinander trennt. Es geschah nicht wegen irgendeines Gesetzes, das Zwistigkeit und Krieg und Verschiedenartigkeit hervorruft.

Die Lehrer haben immer gesagt: "Ich werde euch inspirieren und lehren und euch über euer Fleisch hinaus erheben, um euch die Wasser des ewigen Lebens zu geben, um euch das Wissen zu geben, das es euch erlauben wird, all die Wohnstätten, die es im Himmel gibt, zu verstehen. Aber um dies zu vollbringen, müßt ihr damit aufhören, ein Primitiver zu sein, und damit beginnen, der Gott zu sein, der ihr seid. Wenn ihr das Wissen wollt, dann werdet erwachsen und erwerbt das Recht, es zu lernen. Und darüber hinaus, ihr müßt es *leben*. Ihr müßt ein lebendiges Feuer in eurem Innern sein."

Das war das Gesetz.

Und genau diese Wesen, diese Lehrer, haben auf eure Zivilisation die gesamte bekannte Historie hindurch aufgepaßt. Sie haben euch davon abgehalten, euch selbst zu zerstören, oder davon, in völlige Dekadenz zu verfallen. Wißt ihr, daß wenn der Geist <Verstand> aufhört zu lernen und der Geist <göttliche Geist> nicht mehr zum Einsatz gebracht wird, daß dann das körperliche Wesen von seinen Hormonen angetrieben wird? Es wird dekadent, weil das zu seiner Wirklichkeit wird.

Sodom und Gomorrha wurden durch eine atomare Explosion, ausgehend von einem Raumschiff, in einem winzigen Augenblick vernichtet. Warum? Wie tief muß der menschliche Geist sinken, daß man sexuellen Verkehr mit den Rindern auf dem Feld als einen religiösen Brauch durchführt?

Ihr seid, um göttlich zu sein, dermaßen ausgestattet, daß ihr eure eigene Göttlichkeit vernichten könnt. Ihr seid als göttliche Wesen dermaßen ausgestattet, daß ihr eure eigene Möglichkeit, Wissen zu erlangen, zerstört und korrupt werden laßt. Ihr trennt eure lebenswichtige Versorgungslinie zum Überleben ab; ihr zerstört sogar eure eigene Erde, die euer Zuhause ist. So groß seid ihr, daß alles, was nur relativ zu eurem eigenen Universum ist, in eurem Bewußtsein, und damit auch in eurem Leben geschieht. Denkt darüber nach. Ihr seid so mächtig, daß das, was ihr im Bewußtsein erschafft, genau das ist, was ihr in eurem Leben erschafft!

Alles was diese grandiosen Wesen je getan haben, ist zu versuchen, euch davon abzuhalten, euch selbst zu verletzen und in euch selbst zusammenzubrechen. Habt ihr vom "göttlichen Eingreifen" gehört? Ich habe in dieser Hinsicht eine große Rolle gespielt!

Und dumme Leute schreien auf: "Freier Wille! Was ist mit dem freien Willen? Wie könnt ihr beim freien Willen eingreifen?"

Du liebe Güte, um euch vor euch selbst zu retten.

Diese Wesen sollen nicht verehrt werden und sie sollen nicht vergötzt werden. Sie sind die Götter aus der Zeit Moses und sie sind die Götter Buddhas. Sie waren die Götter sogar in der Zeit noch vor Buddha Amin. Sie waren die Götter aus der Zeit vor 10.000 Jahren. Sie sind die Götter, die Wahrheit in Bewegung setzten. Unterdrücken sie euch und halten sie die Türe zur Ewigkeit von euch fern? Nein. Sie bemühen sich darum, in euch die Fähigkeit hervorzurufen, aufzuwachen und diese Verbindung für euch selbst herzustellen, damit ihr die Brücke über das Licht bauen könnt. Die Brücke von Licht zu erschaffen heißt, sie in eurem Bewußtsein zu erschaffen, das ist alles.

Stört es sie, daß sie imstande waren, eine Stadt zu vernichten? Nein, es stört sie nicht. Denn ihr Geist ist fähig, die ewige Fortdauer von

Geist und Gedanke zu begreifen. Sie sind nicht engstirnig oder kleinlich genug, um zu denken, daß dies das einzige Leben ist, das ihr je leben werdet. Sie werden euch genetisch gesehen vernichten, nur um euch dann hochzuheben in eine grandiosere physische Form, die den Geist zum Einsatz bringen kann. Das ist alles, was sie je getan haben.

Ich versuche hier zu erklären, warum und wie ihr euren Geist vom Subjektiven zum Objektiven hinbewegen müßt, und das ist sehr mühselig. Ihr müßt lernen, *eins* zu werden und vorwärts zu schreiten.

Warum, denkt ihr, seid ihr zu dieser Zeit geboren worden? Denkt ihr wirklich, daß es ein Zufall ist, daß ihr während dieser Zeit, in der sich so viel ereignet, geboren wurdet? Also wirklich!- Da ist eine Stimme in eurem Innern, die sagt: "Laßt uns danach streben, eine bessere Person zu werden! Laßt es uns vorantreiben, einen grandioseren Geist zu haben!" Treibt eure Kapazität für grandiosere Gedanken weit übers Dogma, über nichtssagende Rituale hinaus und werdet brillant. Es ist dazu nur ein Augenblick nötig.

Ist es für euch nötig, die einzige Person auf einem Hügel zu sein, die eine ganze Stadt in Flammen aufgehen sieht, um euch zum Denken zu bringen? Ist es das, was dazu nötig ist? Oder seid ihr imstande, mit dem Denken anzufangen in einem Augenblick unter dem Mitternachtshimmel? Seid ihr imstande zu begreifen, daß all eure kleinlichen Anschauungen Illusionen sind, und daß ihr an denselben göttlichen Geist angeschlossen seid, an den auch all diese grandiosen Lehrer angeschlossen sind? Seid ihr imstande zu erfassen, daß der Weg zum Kontakt der große *Gott* ist, der jeder von euch ist? Es ist nur ein Augenblick dazu nötig, um sich das zu vergegenwärtigen, und wenn ihr es wirklich innerlich umarmt, verändert sich eure gesamte Wirklichkeit. Das ist alles, was diese Lehrer sich je zu inspirieren bemühten.

Eines Tages packten diese Lehrer ihre göttliche Habe zusammen. Sie nahmen all ihr großes Wissen und gingen weg, hoffend, daß die Keime der Wahrheit im Garten der Menschheit zu gedeihen beginnen würden. Denn schließlich und endlich seid ihr ihre Brüder und Schwestern.

Ungeachtet des Unterschiedes der fleischlichen Form, ihr seid weiß Gott, Brüder und Schwestern dieser Leute. Sie haben darauf gewartet, daß dieser Keim sprießen und wachsen würde.

Während des Dunklen Zeitalters starben 250 Millionen Menschen in "Heiligen Kriegen". Und jede der Alten Schulen, und jede der Alten Schriften von Wahrheit, auf Stein, Papyrus oder Leder, die gefunden werden konnten, wurden als "dämonisch" verbrannt. Wahrheit wurde vernichtet. Das ist der Grund, weshalb jene Epoche das "Dunkle Zeitalter" genannt wird.

Die Menschen des Dunklen Zeitalters waren des Lesens und Schreibens unkundig. Während indessen zu jener Zeit, als das Griechische Reich in Blüte stand, alle Menschen lesen und schreiben konnten. Und indessen verehrten die Griechen Götter, nicht den Einen Gott. Der Eine Gott, den viele von euch anbeten, möchte euch ungebildet haben. Das ist die Auslegung jener, die die Religion regieren. Sie möchten euch unterdrückt halten, damit Wahrheit nicht wie ein Strom aus euch hervorfließen kann. Und während des Dunklen Zeitalters wurde alles vernichtet, was nur irgendwie vernichtet werden konnte.

Warum könnt ihr jetzt keine dieser Relikte mehr finden? Wegen dieses kleinen Bedürfnisses, alles zu beseitigen, was euch einschüchtern würde, und euch "geringer als" fühlen lassen würde.

Eure Wissenschaftler haben eine unausgesprochene, aber durch und durch akzeptierte Regel. Niemals, niemals irgend etwas offiziell zu Papier zu bringen, das außerhalb des Bereiches von annehmbaren Tatsachen liegt. Das ist ihr ungeschriebenes Gesetz. Sogar eure "tatsächliche" Welt also wird dahingehend überwacht, daß das "Un-Tatsächliche" draußen bleibt, um euch zum Nutzen für jene, die diese Welt beherrschen, steril <unschöpferisch> und unter dem Joch von Mühsal und Arbeit zu halten!

Was, meint ihr, denken jene Lehrer über all dies? Was, meint ihr, daß sie denken, wenn sie die Fische des Meeres sehen, die am Ufer angeschwemmt werden, die mit Verletzungen und Geschwüren verfaulen? Was, meint ihr, denken sie, wenn sie die großen grünen Wälder sehen, die nackt und kahl und sterbend dastehen? Was, meint ihr, halten sie von den Städten, in denen es ein normales Bewußtsein darstellt, menschliches Leben durch Drogen und Alkohol und sexuelle Perversion zu zerstören? Was, meint ihr, denken sie über die Städte, wo das Stehlen zum normalen Leben gehört? Was, meint ihr, sehen sie, wenn sie eure Zivilisation betrachten? Sehen sie das Idealland "Utopia"? Meint ihr wirklich, sie denken, daß ihr phantastisch seid? Nein.

Zum gegenwärtigen Zeitpunkt besitzt ihr die Kapazität für eine 500 Megatonnen Kobaltbombe. Diese Bombe ist imstande, die gesamte Welt und jeden lebenden Organismus darin zu vernichten. Was, meint ihr, denken die großen Wesen über die Leute, die dieses Geheimnis besitzen? Woraus besteht das Bewußtsein der Leute, die dieses Geheimnis haben? Würdet ihr eurem Nachbarn mit einer Kobaltbombe trauen? Wie ist's mit euren Kindern? Würdet ihr eurem Bürgermeister mit einer trauen? Wie ist's mit eurem schlimmsten besten Freund? Wie viele Male seid *ihr* wütend geworden, weil euer kleines Image laut angeprangert worden ist? Wie viele Male seid ihr wild vor Wut geworden, weil euer begrenztes Ego angeschlagen wurde? Wie viele Male wart ihr so wütend, weil euer begrenztes Ego angetastet wurde, daß ihr gewalttätig drauflosschlagen und jemanden verletzen wolltet? Wie viele Male wolltet ihr am liebsten eure Hand erheben und "alles aus dem Weg fegen", um jemanden für das büßen zu lassen, was sie euch antaten? Dieser Wesenszug an euch ist es, was so gefährlich ist. Und es ist dieser Wesenszug, der die Türe zu euch und zur Ewigkeit verschlossen hält. Und stellt euch nur mal diesen kleinen Wesenszug als Besitzer einer Kobaltbombe vor!

Denkt ihr, ich verbreite Angst auf dem "Marktplatz"? Ich sage euch lediglich die Wahrheit.

Warum ist es für euch notwendig, dies jetzt zu lesen, an diesem Punkt in eurem Leben? Weil ihr mit Wissen einen größeren Einblick erlangt und dieser größere Einblick eure Rettung ist. Wissen ist es, wodurch ihr "eure Haut retten werdet". Wahrheit wird immer bewahrt werden. Und wenn sie im Innern eures Gottes bewahrt wird, und euer Gott sie manifestiert und sie lebt, dann werdet ihr bewahrt werden. Genau so einfach ist es.

Und um das zu begreifen, müßtet ihr begreifen, wer mit euch zusammenarbeitet. Diese grandiosen Wesenheiten wollen die Fische im Meer, die sie lieben, nicht vernichtet sehen durch euren Bedarf an Plastik und Abwässer und Abfall.

Denkt über folgendes nach. Ich weiß, ihr meint, mein Volk <vor 35.000 Jahren> waren Barbaren, aber ich habe zu meiner Zeit keine Umwelt verschmutzt. Ich hatte eine Armee in der Stärke von 2 Millionen Menschen, und unser Dung und Urin ging zurück zur Erde und wurde recycled. Wir hatten keine Massen davon, durchsetzt mit Chemikalien, um sie zu "klären", nur um sie dann ins Meer zu schütten. Wir hatten kein Plastik oder Papiere. Wir hatten nicht die Bequemlichkeit von Automaschinen. Wir hatten zwei Füße und großartige Rösser. Und unsere Vorfahren hatten großartige Raumschiffe von Licht. Wir ließen keine Bahn von Verschmutzung hinter uns zurück.

Was wir aßen, kam von der Erde und ging zurück zur Erde.

Wissen hängt nicht von der Zahl der Bequemlichkeiten ab, die ihr besitzt. Die zeigt lediglich, daß ihr träge seid. Wissen beruht auf dem Konzept der Bewußtheit, die ihr habt. Wissen gibt an euch die Wahrheit, die euch die Beschaffenheiten von dem, was ihr seid, bewußt macht. Ihr lest dies hier, um euren Geist zu öffnen und um dazu zu verhelfen, daß ihr über euer tückisches, kleines Image hinausgelangt. Und das Image ist genau das Ding, das es verursachte, daß Zivilisationen zugrunde gingen.

Einfache Menschen wurden immer von diesen Lehrern ausgewählt, aber nicht weil diese Menschen Dummköpfe gewesen wären oder weil sie ihr Hirn nicht beieinander gehabt hätten. Sie hatten ihr Hirn beieinander, aber sie waren einfach genug, um Wahrheit nicht zu trüben. Sie hatten kein "*Image*". Die Wahrheit kann durch eine einfache Person rein hindurchkommen. Einfache Menschen wurden als

Propheten, als die Wirkenden und als die Leute ausgewählt, durch die die Wahrheit verbreitet werden konnte.

Bei Wissen geht es nicht darum, zur Schule zu gehen und eine Theorie zu erlernen, die bestenfalls eine Hypothese darstellt. Bei Wissen geht es nicht darum, wie viele Kristalle ihr tragen könnt oder wieviel Esoterik ihr auswendig lernen könnt. Wißt ihr, was "Esoterismus" ist? <Ramtha benutzt den Begriff "esoterism", dessen deutsche Entsprechung "Esoterismus" ist>. Jener "ismus" bedeutet, daß es sich um eine Wahrheit handelt, um eine Beobachtung, <z.B.> ein Teilen des Wassers, das als eine persönliche Geschichte gewählt wird, um etwas zu enthüllen, das der Person, die es niederschrieb, heilig war. <Es wird hier als Beispiel auf die Apostelgeschichten Bezug genommen>. Das ist Esoterismus; eine Wahrheit zu nehmen und sie zu etwas Persönlichem zu machen. Aber wenn ihr das ganze umdreht, und das Persönliche von der Wahrheit wegnehmt, dann werdet ihr das Wissen haben, das euch mit den Sternen verbinden wird. Denn durch euer persönliches Bedürfnis - persönlich, persönlich, persönlich - zu denken, daß die Dinge für euch getan werden, wird es eurem Geist untersagt, im Bewußtsein zu wachsen, so daß ihr jenen Geist, der "da draußen" ist, voll in Anspruch nehmen könntet.

Einige von euch haben das Image eingehend studiert und einige von euch haben gelernt, durch es hindurchzubrechen und ihr Bewußtsein zu erweitern. Jene von euch, die gelernt haben, das zu tun, sind imstande zu bestätigen, was ich euch jetzt sagen werde. Das Überwinden des Persönlichen ist es, was euch an den unbegrenzten Geist anschließt. Diese Wesenheiten werden mit euch Kontakt herstellen, aber sie werden nicht Kontakt mit einer esoterischen Person herstellen. Sie werden keinen Kontakt mit einer Person herstellen, die eingehüllt ist in die kosmologische Seite von spiritueller Wahrheit. Sie werden keinen Kontakt herstellen mit einer Wesenheit, die sich mit der Kleidung geschmückt hat, in der sie ihrer Meinung nach empfangen werden sollte. Erinnert ihr euch an den Stamm, der bestimmte Kleider angezogen hat und einen Platz geschaffen hat zur Verehrung des großen Luftschiffes, das die Fracht aus dem Himmel abgeworfen hat? Meint ihr, sie kommen hierher, um euch zu sich mitzunehmen, weil ihr euch so angezogen habt, um wie sie auszusehen? Ihr könntet euch nicht kleiden, um wie sie auszusehen; ihr habt keine Ahnung, wie sie aussehen!

Sie werden zu einem einfachen Geist Kontakt aufnehmen, und nichtsdestoweniger ist jener einfache Geist es, der das Feuer von Genie ist. Man kann einen Philosophen nicht erleuchten. Man kann einen religiösen Fanatiker nicht erleuchten. Man kann einen Sucher nicht erleuchten, weil die Sucher immer suchen. Wenn man sie erleuchtet, würden sie zu suchen aufhören, und für sie das Suchen die Hauptsache. Man kann ein Image nicht erleuchten, jenes kleine Ding, das ihr laut anpreist, das sagt, ihr wärt ihr. Das Image ist es, das euch dazu veranlaßt, die Einstufung vorzunehmen von Liebe und Haß, und Mögen und Nicht-Mögen, und Schönheit und Häßlichkeit. Man kann ein Image nicht erleuchten; ein Image ist, was es ist. Aber einen einfachen Geist, den kann man entflammen.

Diese Wesenheiten werden in den künftigen Tagen sogar noch mehr zu sehen sein. Sie werden sogar noch offensichtlicher werden. Sie halten nach den Keim-Menschen Ausschau; ein weiterer Schritt im Hinblick auf Bewahrung. Und eine Voraussetzung dafür, ein Keim-Mensch zu sein, liegt darin, einen Geist zu haben, der fähig ist, alle Schranken von Verstehen zu überschreiten. Sie halten nicht nach solchem Geist Ausschau, der sagt: "Wenn ihr nicht Worte sprechen könnt, dann kann ich unmöglich wissen." Sie suchen nach dem Geist, der die *Impression,* das innere Wissen, den Instinkt <inneres Gefühl> erfaßt. Sie halten Ausschau nach den Intuitiven, den Mystischen. Sie halten Ausschau nach denen von mystischem Geist.

Die grandiosesten Zivilisationen, die je gelebt haben, gründeten sich zuerst auf dem mystischen Geist und dann auf wissenschaftlichen Tatsachen. Denn es ist ausschließlich der mystische Geist, der den Zugang öffnet. Ihre Kontaktpersonen waren für sie Partner. Eine solche Partnerschaft ereignet sich heute für einige Leute. Sie geben euch, sie teilen mit euch, sie bringen euch zum Einsatz, und ihr gebt zurück. Dies ist die Art, wie es ist, und da ist nichts Religiöses dran. Es ist nichts Religiöses an einem Landeplatz. Es ist nichts Spirituelles an einem Landeplatz. Spiritualität liegt in der Quantenbeschaffenheit von Wirklichkeit, das ist mystischer Geist.

Diese Wesenheiten werden noch sichtbarer werden, und niemand wird mehr imstande sein, sie unter falschen Vorwänden zu verheimlichen. Da wird es natürlich immer jenen schlafenden, hypnotischen Teil der Gesellschaft geben, der alles ins Lächerliche ziehen wird. Ganz gleich, ob sie direkt davor stehen würden, es existiert nicht. Denn sie sind darin geschult worden, alt zu werden und zu sterben, und sie sind darin geschult worden, nur in eine Richtung zu denken, für den Fall, daß irgendjemand von hoher Stelle sie einmal braucht, um sie anzuheizen, um sie aufzuhetzen, damit sie sich gegen welchen Feind auch immer in Bewegung setzen, gegen den sie sich in Bewegung setzen sollen. Ganz gleich, was die Regierung verlangt, Mittelamerika wird es im Namen der Religion tun und sich dagegen in Bewegung setzen. Das ist das Schwert. Macht Mittelamerika wütend auf irgendjemanden, und die Soldaten werden in Legionen über unschuldige Menschen hinwegmarschieren.

Diese Wesenheiten, die sich am Mitternachtshimmel zeigen, sind hier, um die Keim-Menschen zu wählen und damit zu beginnen, hinsichtlich Wissen zu arbeiten.

Das Verfahren von "Bewußtsein und Energie", das ich lehre, verzehrt das Image und erlaubt dem Bewußtsein im Jetzt zu gleiten. Jenes Bewußtsein kennt keine Vergangenheit und keine Zukunft; es ist ein *Jetzt*-Gefühl. Es ist Bewußtheit, und genau in dieser Bewußtheit geschieht es, daß ihr beginnt, euch an großen Geist anzukoppeln. Es ist als würdet ihr eure Lichter einschalten, damit sie euch sehen können. Und das werden sie.

Sein bedeutet, das Bewußtsein zum Abstrakten hinzuarbeiten, und um das durchzuführen, müßt ihr das Image wegbrennen, damit ihr dorthin gelangt. Denn nur in der Abstraktheit von Bewußtsein geschieht es, daß ihr euch an interdimensionalen Geist anschließt. Ihr könnt ihn nicht anschließen, indem ihr einen Traum visualisiert. Ihr könnt ihn nicht anschließen, indem ihr einen Wunsch visualisiert. Ihr schließt euch dann an, wenn ihr offen seid.

Je einfacher der Geist - was soviel heißt wie die Fähigkeit, sich im Bewußtsein zu erweitern - desto größer die Fähigkeit einen Partner <jene Wesen> im Leben zu haben. Meint ihr, das ist eine groteske Wahrheit? Laßt mich euch etwas sagen. Ihr habt Zivilisationen gehabt, die aufgrund dieses tiefgründigen Wissens im Handumdrehen entschwunden sind. Ihr habt Zivilisationen gehabt, die genetische Nachkommen dieser Leute sind. Sie versuchen, Leben hineinzuzüchten und jenes zerstörerische, häßliche, sich preisende, kleine Bedürfnis nach dem Image, jener zerstörerischen Kraft, herauszuzüchten. Einige von euch sind Menschen, deren genetischer Stammbaum nicht einem linearen Prozeß auf dieser Erde angehört. Sondern ihr kommt statt dessen von jenseits der Sonne.

Könnte es sein, daß euer Gott <in euch> diese genetische Linie ausgewählt hat, damit ihr euch anschließen könnt?

Wenn ihr eurem inneren Wissen gefolgt seid, weil es sich innerlich richtig angefühlt hat, selbst wenn die Welt euch auslachte und euch angezweifelt hat, dann werdet ihr euch anschließen. Denn der Gott im Innern versteht das, was das Image und das gesellschaftliche Bewußtsein niemals hätte wissen können. Und das deshalb, weil euer Image und euer nach dem gesellschaftlichen Bewußtsein ausgerichtetes Empfinden nur das weiß, was die Verschwörergruppe der Zivilisation euch erzählt hat, und sonst nichts. Ihr seid buchstäblich gelehrt worden, alles, was davon abweicht, anzuzweifeln. Ihr habt "gelernt", alles zu vernichten, was von der Art abweicht, wie die Gesellschaft es haben will, daß eure Auffassung von Gott aussieht.

Eure Führungsleute würden euch erzählen: "Wir müssen das Böse ausmerzen." Was sie in Wirklichkeit meinen, ist: "Wir müssen Wahrheit ausmerzen."

Um zu jenem grandiosen Platz in eurem *Geist* zu gelangen, ist es erforderlich, Bewußtsein freizuräumen, und man räumt Bewußtsein nicht frei durch Fasten. Und man räumt Bewußtsein nicht frei, indem man sich vom Leben zurückzieht. Und man räumt Bewußtsein nicht frei durch Visualisieren. Visualisieren bedeutet lediglich, daß der Geist eine andere Illusion erschafft!

Versteht ihr nicht, wie groß euer Geist ist? Ihr könnt Licht in einem Zimmer erschaffen und dennoch kann es eine Illusion sein. Und dennoch, das bringt gar nichts, denn ihr seid unverändert. Beim Sich-in-Anschluß-Bringen mit diesen Leuten, seid ihr objektiv, nicht-persönlich. Hierbei handelt es sich um ein Bewußtsein, das nicht die Absicht hat zu verherrlichen, sondern sich zum Einsatz zu bringen. Und das ist es, was ihr benötigt, um diese Grandiosen zu euch heranzumagnetisieren.

Ihr könnt nicht einmal im Ansatz wissen, wie sie denken. Denn ihr seid nicht imstande, euch vorzustellen, im Nu zwei Zivilisationen abzuschaffen, oder? Wißt ihr warum? Weil ihr in Wirklichkeit noch immer denkt, daß das Leben mit der Geburt beginnt und mit dem Tod endet. In Wirklichkeit versteht ihr nicht die Unsterblichkeit des Geistes <spirit>, und dennoch bezeichnet ihr euch als spirituell.

Wenn ihr dieses nicht versteht, dann werdet ihr auch nicht verstehen, warum die Natur, um eine Veränderung herbeizuführen, alles in ihrem Weg Stehende gewaltsam vernichten würde.

Ich werde euch folgendes sagen. Es ist in der Natur zu Ereignissen gekommen, wodurch ganze Zivilisationen innerhalb von vier Stunden vernichtet wurden. Was würdet ihr über die Erde denken, wenn sie ihre Erdachsen verschieben würde und in nur einem Augenblick - die ganzen Ozeane wie einen Schwall über die ganzen Landmassen jagen würde, dabei alles im Weg Stehende töten würde, einschließlich der Menschen, die ja angeblich göttlich sein sollen? Und was denkt ihr über ein Erdbeben, das Menschen umbringt? Bedeutet euch das irgendetwas? Ihr schenkt dem nicht viel Aufmerksamkeit, nicht wirklich. Nicht, wenn die Leute nicht verwandt mit euch sind. Oh, ihr fühlt euch ein wenig traurig, aber morgen geht's wieder mit etwas anderem weiter. Ihr erinnert euch nicht an die Leute, die in Erdbeben umkommen, weil es für euch so lange nicht persönlich ist, bis es euch direkt angeht. Wenn es persönlich ist, dann ist es natürlich etwas anderes. Was würdet ihr über die Natur denken, wenn sie dieselbe Einstellung hätte? Wenn ihr die Natur wärt, wärt ihr imstande, Maßnahmen dieser Art durchzuführen?

Laßt mich euch etwas zum Nachdenken geben. Wenn ihr eine Wunde an eurem Bein bekommt, dann scheuert ihr das Ding, und ihr betupft das Ding, und ihr verpflastert diese Wunde und ihr verbindet sie. Denn ihr müßt ja die Bakterien töten. Und nichtsdestoweniger: Bakterien haben ein Bewußtsein! Was ist der Grund, daß ihr diese Maßnahmen ergreift? Ihr möchtet nicht, daß eure Wunde infiziert wird. Wodurch, glaubt ihr, wird sie infiziert? Durch eine andere Lebenskraft! Aber ihr werdet die Bakterien zerstören, weil ihr nicht wollt, daß sie euch zerstören.

Beantwortet mir doch diese Frage. Gibt es irgendwelche Super-Leben und Niederen-Leben? Gibt es wichtiges Leben und unwichtiges Leben? Ist nicht die Lebenskraft, die Lebenskraft? Ist es nicht alles dasselbe? Ja, das ist es. Ihr könnt nicht ewigwährend sein, und im *Jetzt* sein, und ein waches Bewußtsein haben, und dann nicht wissen, daß die Lebenskraft schlichtweg *ist*. Sie ist so machtvoll in Bakterien, wie sie es in euch ist.

In grandiosem Geist gibt es kein "größer" oder "geringer". In grandiosem Geist gibt es keine Trennung.

Ihr wärt nicht imstande, eine dekadente Gesellschaft zu vernichten, aber ihr wärt imstande eine gesamte Zivilisation von Bakterien mit einem Wisch von Seife auszumerzen. Ihr kennt sie nicht. Es ist eine unpersönliche Handlung. Ihr tut es indessen in der Bemühung, euch selbst fortbestehen zu lassen. Und irgendwie wißt ihr, daß die Bakterien wiederkommen und sich woanders fortpflanzen werden. So ist es doch, nicht wahr?

Ich frage mich, wessen ich wohl bezichtigt werde, weil ich diese Lehre übermittle? Ich kann es jetzt schon hören: "Dieser Ram, der hat überhaupt kein Bewußtsein! Er erzeugt Angst auf dem "Marktplatz".

Er spricht über die Zerstörung ganzer Zivilisationen und setzt sie mit Bakterien gleich!”

Nun, es ist die Wahrheit. Und die Wahrheit wird euch frei machen.

Seid keine Heuchler! Wenn ihr imstande seid, Bakterien auf einer Wunde auszumerzen, dann seid ihr imstande Zivilisation zu vernichten! Ihr müßt begreifen: Die Lebenskraft ist ein Kontinuum. Wesenheiten, die umkommen, sind in einem Augenblick Geist <spirit>, und sie werden wieder zurück ins Licht hineingeholt. Und wer seid ihr, um zu sagen, daß eine Wesenheit von einer jener vernichteten, alten Zivilisationen sich durch diese Erfahrung nicht weiterentwickelt hat und zurückkam, um jetzt ihr zu sein?

Angst vor Atomenergie? Hat sich in eurem Innern irgend etwas gerührt, als ich von Alten Zivilisationen sprach, die jene Macht hatten? Habt ihr Angst, ihr könntet einer jener Leute gewesen sein? Ja, ihr könntet es gewesen sein. Versteht ihr nicht? Die Lebenskraft recycled sich schlichtweg. Und *ihr,* Geist und Seele, seid sie.

Wie stark seid ihr im Körper drinnen? Sobald ihr über das Sterben nachdenkt, wird euch das erkennen lassen, wie stark ihr drinnen seid. Wie groß seid ihr im Geist <spirit>? Wenn ihr über Leben nachdenkt, läßt euch das erkennen, wie groß ihr seid.

Seid ihr bereit, euch mit einem abstrakten Geist in Anschluß zu bringen, der sich nicht unwohl fühlt wegen des Auslöschens von zehn Millionen Bakterien? Setzt dies es für euch in eine Perspektive zurecht? Für alle Zweifler unter euch: wer vermag zu sagen, daß jene Bakterien nicht Frauen und Kinder hatten? Und wer würde behaupten wollen, daß sie nicht auch Familien zurückließen? Wer vermag zu sagen, daß sie nicht auch schwanger waren? Mehr als wahrscheinlich waren sie es. Ihr tötet ungeborene Bakterien! - Begreift ihr?

Ich weiß, daß dies streckend ist, und ich weiß, daß ich mich hier wahrlich auf dünnem Eis bewege, denn euer Image möchte dies hier verdrehen und diese Informationen als etwas einordnen, das ohne

Liebe und Gewissen ist, weil es unheimlich und unglaublich ist. Nun, Heuchler, wenn ihr das nächste Mal eine Wunde habt (und wenn ihr ein Heuchler seid, werdet ihr viele Wunden bekommen) und irgendjemand zu euch sagt, ihr sollt die Bakterien loswerden, dann erinnert euch an diese Lehre und an das Wissen darüber, was die Lebenskraft ist. Denn alles ist Gott. Ist das nicht die Voraussetzung des Verständnisses über alles, was ist? Wenn also alles Gott ist, was ist dann nicht Gott? Wer würde bestimmen, was nicht Gott ist? Sind jene großen Lehrer nicht Gott? Doch, sie sind es. Seid ihr Gott? Ja, ihr seid es!

Laßt mich euch eines zu dem sagen, was ihr gerade betrachtet habt. Wenn ihr über das nachdenkt, was ich euch gerade zum Überlegen gegeben habe, würdet ihr *einen* kleinen Sieg über den Tod gewinnen. Euren eigenen. Denn in Wirklichkeit ändert ihr, sobald ihr euer Bewußtsein ändert, Wirklichkeit. Und wenn eure Wirklichkeit von eurem Bewußtsein herkommt, und das tut sie, und wenn ihr versteht, daß eine gesamte Zivilisation im Handumdrehen sterben kann, aber dennoch auf immer und ewig lebt, dann werdet ihr niemals sterben, denn jenes wird zu eurer Wirklichkeit werden.

Unwissenheit. Wißt ihr, wie viele Leute den Anspruch erheben, die Wahrheit zu verkünden, aber es doch nur wieder-verwertete <recyc-led> Unwissenheit ist? "Gut" und "schlecht und "höher" und "niederer" und Trennung; Gott irgendwo da draußen, statt Gott im Innern. Menschen verbringen ihre Zeit damit, mit nach oben geöffneten Händen zu meditieren, um zu versuchen, irgendetwas zu empfangen. Was für ein Schwindel. Gott ist nicht *da draußen,* er ist *im Innern.* Gott ist nicht außerhalb von euch. Gott ist in euch. Ihr lebt so, als wäre eure Macht in irgendeinem leblosen Objekt eingewickelt. Sie ist inwendig in euch.

Wie unwissend seid ihr gewesen? Wie zugeschlossen ist euer Geist? Stellt euer Image eure ganze Welt dar? Wenn dem so ist, dann könntet ihr es ebensogut einpacken und diesen Ort verlassen, denn ihr werdet niemals irgend mehr lernen, als das. Weil ihr dazu nicht fähig seid. Ihr habt euch selbst mit Tabus und Aberglauben, mit Unwissenheit und vorgefaßten Meinungen zugestopft, und ihr habt keinen Platz mehr übrig für Erleuchtung. Weil ihr nicht einfach seid; ihr seid kompliziert <komplex>. Und das gilt nicht mehr als ein Kompliment! Wenn ich euch als "kompliziert" bezeichne, dann enthüllt dies eure Unwissenheit.

Hört zu, hier geht es nicht darum, hinauszugehen und die Sterne zum Einsatz zu bringen, weil sie euch noch nicht zum Einsatz gebracht haben. Es geht darum, das Wissen zu erlernen, das euch zu interdimensionalem Geist hinbringt, indem ihr den Geist, den ihr habt öffnet. Diese großen Wesen haben nicht recht oder unrecht bei dem, was sie tun. Sie sind die Oberherren <Overlords> einer sehr schwachen genetischen Rasse, die entschlossen zu sein scheint, sich selbst der Gier wegen umzubringen. Das ist alles. Sie möchten euer Bewußtsein anheben und jene ausfindig machen, die imstande sind, die Wahrheit voranzutragen.

Sie werden sich euch nicht zeigen, weil ihr eine Menge Eigentumswohnungen und Schatzbriefe und Wertpapiere habt, oder weil ihr euch für mächtig haltet. Wenn sie ein Raumschiff haben, das diese Erde wirbelnd aus der Umlaufbahn werfen kann, meint ihr denn, daß sie von eurer Macht beeindruckt sind? Nein. Meint ihr, sie werden von eurer Tugend beeindruckt sein? Nein. Denn auf was stützt ihr Tugend? Seid ihr ein Heuchler? Heuchelei ist nicht Tugend; sie ist Unwissenheit. Und das ist nicht Erleuchtung; das ist ein feststeckender Geist. Sie werden ihre Zeit nicht ohne einen Zweck auf euch verschwenden.

Sie werden sich jenen zeigen, die die Keime von Wahrheit sein werden, und die später eine Brücke von Licht bauen werden, die kommen und gehen wird, um die Kommunikationen herzustellen.

Ihr seid nicht hier auf dieser Ebene, um die Welt zu retten. Euch ist diese Gelegenheit jeden Tag eures Lebens gegeben! (Dies wird schmerzen, aber es ist nötig für euch, es zu hören.) Jedesmal, wenn ihr eure Automobile startet, tötet ihr die Erde. Jedesmal, wenn ihr Dinge in Plastik kauft, tötet ihr die Erde. Jedesmal, wenn ihr eure Toilettenspülung benutzt, tötet ihr die Erde. Jedesmal, wenn ihr eure Einwegwaren wegwerft, tötet ihr die Erde.

“Aber was soll ich denn tun?” fragt ihr. “Das ist halt die Art und Weise, wie es ist.”

Ändert es! Denn jeden Tag eures Lebens habt ihr die Gelegenheit, es zu ändern.

Sie sind hier, um zu versuchen, das sich Fortsetzen des Lebens in Gang zu halten. Jeden Tag sagt ihr, ihr seid für all diese Dinge, aber ihr tut rein gar nichts, um in eurem persönlichen Selbst eine Veränderung hervorzurufen. Also seid ihr Heuchler!

Das schmerzte, ich weiß, daß es schmerzte. Aber ihr müßt die Wahrheit hören.

Wir sprechen hier über den Geist, der die Absicht hat, euch in Form von Wissen emporzuheben, euch zum Einsatz zu bringen. Wir sprechen über Wesenheiten, die vor 10.000 Jahren Zivilisationen hinweggefegt haben. Wir sprechen über Wesenheiten, die die Wahrheit zurückgelassen haben, nur damit die Menschen diese dann verbrannt haben.

Sich Ändern. Einfachsein wird ganz einfach in eurer Wirklichkeit widergespiegelt. Es ist nicht genug, jene Dinge nur zu sagen, ihr müßt sie *sein*. Und wenn ihr erst lange darüber nachdenken müßt, sind sie nicht in eurer Wirklichkeit. Dann bedeutet das, daß ihr euch zwingt, etwas zu tun, was ihr nicht tun möchtet. Das ist nicht Evolution, das bedeutet, euch selbst zu unterdrücken. Wenn ihr ein Heuchler sein wollt, seid einer. Und sagt der Welt, daß ihr einer seid. Wenn ihr euch nicht ändern wollt, dann ändert euch nicht. Ihr werdet für dies respektiert. Es beeinträchtigt nicht das Ausmaß an Liebe, die an euch ausgeteilt wird. Aber um dahinzugelangen, wo ihr hingehen wollt, ist mehr dazu erforderlich, als einfach nur auf einem Stein zu sitzen und auf einen Schwall von Licht zu warten.

Bewußtsein ist nicht linear; es ist *alles*. Ihr werdet nicht abhängig davon geliebt, wie sehr ihr Gott liebt. Das ist ein dummes Konzept. Ihr könnt Gott nicht lieben, wenn ihr nicht euch selbst liebt. Und wenn ihr euch selbst liebt, dann seid ihr an das EINE, das ALLES ist, im Geist angeschlossen. Und wenn das der Fall ist, ändert ihr euch, und euer Leben wird zu einem persönlichen Feuer.

Ich bin, was diese Sache angeht, von großer Leidenschaft, denn ich sehe eure Schönheit. Ich sehe die Götter, die ihr seid. Aber ich sehe auch jenen tückischen, kleinen Umhang, jenes Image, das sich gleichgültig verhält. Ich sehe auch die zivilisierten, industrialisierten Leute. Wann werdet ihr das niederreißen und euren eigenen Standpunkt vertreten? Denn das ist es, was nötig ist.

Hätten diese Wesenheiten eure ganzen Zivilisationen hindurch nicht auf diesem Planeten eingegriffen, wäre er heute unfruchtbar. Wußtet ihr, daß der Mars für das ein Beispiel ist, was passiert, wenn man die Menschen sich selbst überläßt. Falls ihr noch kein gutes Photo von jenem Planeten gesehen habt, wie er heute aussieht, solltet ihr eines ausfindig machen und es anschauen.

Es gibt eine feste Absicht, diesen Planeten für die Leute, die hier sind, am Leben zu erhalten. Ihr werdet spektakuläre Dinge sehen, und einige von euch werden das Glück haben, daran teilzunehmen. Aber ihr lebt in unglaublich gefährlichen Zeiten, noch viel gefährlicher, als ihr es euch vorstellen könnt.

Dieser euer Geist, der im Begriff ist, sich in das große Unbekannte auszustrecken, muß gleichfalls jenes Unbekannte *sein*. Er kann nicht getrennt davon sein. Die Wahrheit ist, wenn ihr eure Erde liebt, dann kauft ihr keinen Hamburger verpackt in Styropor. Einen Burger in Styropor verpackt zu kaufen bedeutet, von der Wahrheit getrennt zu sein. Mit der Wahrheit eins zu sein bedeutet, einen Burger zu kaufen und euch ihn in eure Hand legen zu lassen.

Schaut eure Hände an. Sie sind abwaschbar. Ihr müßt sie niemals wegwerfen. Sie kommen mit euch mit, wo auch immer ihr seid. Ihr müßt nichts extra verpacken. Ihr könnt einfach hingehen und sagen: "Legt es in meine Hand." Ist das nicht wundervoll? Tut es!

Das ist ein kleines Beispiel, aber es ist ein Beispiel dafür, nicht von der Wahrheit getrennt zu sein. Es ist ein Beispiel für das Einssein im Bewußtsein, so daß das Wort ein lebendiges Wort ist. Dies ist es, woran sie interessiert sind. Einfachheit.

Wißt ihr, was eine komplizierte Person daraus machen würde? Sie würde diese Wahrheit nehmen und sagen: "Nun, theoretisch wäre dies sicherlich das, was man tun sollte, aber wirtschaftlich gesehen und entsprechend unserem Handelsdefizit, wäre es keineswegs weise, den Gebrauch von Einwegartikeln einzustellen. Schließlich und endlich, wo bekommen wir unser Fleisch her? Von Südamerika. Und letzten Endes, handelt es sich hier nicht um ein staatliches Produkt, das wir fördern sollten, um ihnen zu helfen, ihre Schulden bei uns abzubezahlen? Und wenn wir tatsächlich tun, was du vorschlägst, hätten wir einen wirtschaftlichen Zusammenbruch und der Pfandbriefmarkt würde fallen." Und der Pfandbriefmarkt besitzt 80% von Amerika, wußtet ihr das? Nun, das ist eine komplizierte Art des Denkens. (Das ist die Art Leute, die man am liebsten einfach schütteln möchte.) Die einfache Wahrheit ist, daß es Kompliziertheit nicht gibt. Es gibt einfach nur das IST.

"Lege es einfach hier hinein. Ich könnte das Papier nehmen. Das Papier würde zurück zur Erde gehen. Aber warum legst du es denn nicht einfach in meine Hand, die kann ich doch waschen. Und wenn ich diese Erde verlasse, dann ist es biologisch abbaubar. Eines Tages werden meine Knochen eine Blume zum Treiben bringen, indem sie sie düngen."

Nun, ich weiß, ihr fragt euch, was das mit interdimensionalem Geist und mit den Wesenheiten zu tun hat, mit denen ihr Kontakt aufnehmen möchtet. Glaubt mir, es steht vollkommen in Bezug zum Kontakt. Propheten entstammen den einfachen Menschen. Die einfachen Menschen sind die Keime, die bewahrt werden, denn in ihnen ist die Wahrheit das Licht, das fortlebt. Mittels Einfachheit kommt es zustande, daß Genie geboren wird.
Komplexe Leute haben keinen Platz für Genie übrig. Es ist für sie wirtschaftlich gesehen nicht brauchbar innerhalb ihres Zeitflusses an

jedem gegebenen Tag in der Geschäftswoche. Komplexe Leute, schlaue Leute sind keine Genies; einfache Leute sind es. Die Industrielle Revolution entsprang Menschen einfachen Geistes, die später als Genies gepriesen wurden.

Wenn es euch schwerfällt, von der Zerstörung von Sodom und Gomorrha und Antruschon und Eloman zu hören, dann seid ihr nicht bereit, alles zu hören, was es zu wissen gibt. Und das bedeutet, daß ihr nicht die Geisteskapazität habt, um weiter als bis dahin zu gehen, weil ihr emotional blockiert seid. Und das ist in Ordnung. Ihr werdet lernen, was ihr zu lernen fähig seid, und ihr werdet sehen, was ihr zu sehen fähig seid.

Habt ihr über die Lebenskraft nachgedacht, als ihr euch gedanklich mit der Zerstörung von Bakterien auseinandergesetzt habt? Habt ihr darüber nachgedacht, daß sie der Zerstörung einer ganzen Zivilisation gleichkommt?

Solange ihr eine starre, dogmatische Wahrheit habt, die wie ihr meint "im Namen der Liebe" ist - was sie auch ist, aber sie ist eine unwissende Liebe - werdet ihr im Bewußtsein nicht sehr weit kommen. Denn wenn ihr es genau betrachtet, wird sie <die dogmatische Wahrheit> zu einem großen Hindernis in eurem Weg. Wie könnt ihr das Unbekannte zum Einsatz bringen, wenn ihr mit Regeln und Vorschriften ins Unbekannte geht. Wenn ihr mit Regeln und Vorschriften ins Unbekannte geht, ist das einzige, was ihr bekommt, der Nachschub für jene Regeln und Vorschriften.

Diese großen Wesen sind nicht hier, um euch
auf einen Spieß zu stecken und euch darauf
zu drehen. Sie essen euch nicht.
Diese grandiosen Wesen, meine Leute,
sind nicht hier, um euch zu befruchten.
Das haben sie schon getan.
Sie sind hier um einige von euch
zum Einsatz zu bringen.

Kapitel 5

Die Raumschiffe. Die Wesen.
Die Relativität des freien Willens. Und GOTT.

Die Raumschiffe.

Die großen Raumschiffe sind aus mehreren verschiedenen Metallen hergestellt, die meisten von ihnen gibt es nicht auf eurer Erde. Die Metalle sind leicht; ihr könntet die Bestandteile ihrer Raumschiffe auf euren Schultern tragen. Sie sind Leiter von Kraftfeldern, die bei Null Grad in einem Vakuum hergestellt werden. Das Vakuum wird durch einen rotierenden Motor erzeugt, der ein Perpetuum mobile-Triebwerk bei einem Vakuum von Null Grad ist. <Perpetuum mobile: Maschine, die ohne Energieverbrauch bzw. ohne daß neue Energie zugeführt werden muß, dauernd Arbeit leistet.>

Sie reisen auf einer Bahn von Licht. Das leuchtende Aurafeld um das Raumschiff wird von dem Grad der Geschwindigkeit bestimmt, mit der sie sich bewegen. Es gibt Raumschiffe jeder Beschreibung und jeder Beschaffenheit. In den Alten Zeiten bezeichnete man sie als "Wagen aus Feuer", und sie brachten auserwählte Wesen zum Firmament und kamen nie zurück. Man hat sie als Wolken erblickt, und sie sind es. Und man hat sie "Säulen aus Feuer" genannt, sie sind es. Es gibt sie in sehr kleiner Ausführung, die Eine-Personen-Machart, und es gibt sie groß genug, daß sie den halben Himmel in jedweder Nacht verdecken.

Ihre Raumschiffe sind, owohl sie leuchtend und wundervoll sind, doch auch gefährlich. Sie setzen bei einer bestimmten Frequenz das in

Umlauf, was wir RPM nennen werden, ein sehr gefährliches Feld, das ihr "Strahlung" nennt. Genau bei dieser RPM <-Frequenz> ist es, daß sie am meisten unbeweglich sind und oftmals verbrennen sie den Erdboden und schalten Wachstum und Vegetation an jenem Platz dann für viele Jahre eurer Zeitrechnung nach aus.

Bei der höchsten Frequenz könnt ihr euch an Board aufhalten und bleibt unbeschadet, wobei jedoch ein Mensch das Ausmaß und die Geschwindigkeit, mit der sich diese Transportmittel fortbewegen, nicht aushält. Deshalb muß der Mensch mit einer Substanz ausgestattet werden, die wie Gelee ist. Der Mensch nimmt so viel von ihr ein, bis sie all seine Organe ausfüllt. Dann wird er in einem luftdichten Behälter untergebracht und mit Sauerstoff versorgt. Dies ist die einzige Art und Weise, daß ihr einen interstellaren Ausflug überleben könnt. Sie haben, in der Tat, die Fähigkeit, euch zu anderen Plätzen mitzunehmen, aber nicht um euch Schaden zuzufügen, besonders dann nicht, wenn jener Mensch sich mit ihnen in Partnerschaft befindet.

Sie lieben, jedoch in einem so hohen Maße, das sich von eurem Verständnis von Liebe unterscheidet. Sie lieben die Lebenskraft, Wissen, Wahrheit. Denn das *sind* sie.

Sie lieben nicht nur eine einzelne Person, also nicht mit unterschiedlichem Maß. Sie sind Liebende des Ganzen. Das befähigt sie, einen Geist zu besitzen, der vollständig geöffnet und erblüht ist. Es ermöglicht ihnen, jenseits von trennenden Schranken zu sein.

Diese Wesen und die Kapazität ihres Raumschiffes sind je nach Art ihrer Mission verschieden. Wenn sie hier sind, um euer genetisches Material zu entnehmen, dann sind ihre Raumschiffe innen sehr kahl, nur mit dem Notwendigen ausgestattet. Wenn sie hier sind, um geographische oder geologische Untersuchungen durchzuführen, dann benutzen sie viel größere Raumschiffe, die völlig anders ausgerüstet sind.

Sie schweben oft über Wasseransammlungen zur Ionisierung des Wassers, und oft über Kraftwerken wegen des "Auslaufens" von Energie, die dort freigesetzt wird. Diese Leute werden euch nicht zuwinken oder anhalten um `Hallo' zu sagen. Solltet ihr zufällig beobachten, wie deren großes Raumschiff an euch vorbeirauscht, könnt ihr davon ausgehen, daß sie irgendwohin unterwegs zu einer Mission sind. Und wenn eure Augen ihnen zu folgen vermögen, na hervorragend.

Sie haben die Fähigkeit durch das Anheben der Schwingung des Vakuums sichtbar und unsichtbar zu werden. Sie können plötzlich mitten an eurem Himmel auftauchen, eine kurze Strecke weitergehen, und dann entschwinden. Sie haben das, was man "Tarn-Vorrichtung" nennt, aber das ist es nicht wirklich. Es handelt sich schlichtweg um einen Bestandteil ihres Gerätes. Bei einer bestimmten Geschwindigkeit entschwinden sie, weil ihre Schwingung nicht mehr innerhalb des dreidimensionalen Verständnisses liegt. Sie können zur anderen Seite des Plejadischen Systems gehen in dem Zeitraum, wenn man bis fünf zählt, und sie entschwinden, um in diesem Zeitraum dorthin zu gehen. Sie können in nur einem Moment jenseits der Sonne gehen. Sie können durch die schwarzen Löcher zu Parallel-Universen gehen. Sie sind überall gewesen. Sie sind die Erforscher von dem Alles-in-Allem.

Das Raumschiff meiner Leute ist ein großes Raumschiff. Es beherbergt kleinere Schiffe, die gleichsam Begleiter sind. Das Raumschiff ist nachts unsichtbar, außer seiner Leuchten an der Unterseite. Seine Unterbodenleuchten werden oft für einzelne Sterne oder einzelne Raumschiffe gehalten. Es ist aus einem Metall hergestellt, das die Farbe des Mitternachthimmels hat. Wenn es erleuchtet ist, ist es strahlender als zehntausend Sonnen. Das einzige Insignium, das es trägt, ist die Triade.

Es hat wunderschöne Lichter, die je nach der Fortbewegung des Schiffes ihre Intensität wechseln, denn Licht erzeugt die Bahn des Raumschiffes. Das Raumschiff strahlt das Licht in die Richtung, in die es gehen möchte und bewegt sich dementsprechend voran.

Es besitzt keine sichtbaren Öffnungen. Die Öffnung ist wie ein Siegel, sobald sie aufgeht. Sie ist eine große Bogentüre, die nicht am Boden des

Raumschiffes ist, sondern vielmehr seitlich. Sie öffnet sich nach oben, und das Licht aus dem Innern bildet einen Tunnel, oder eine Bahn, einen sicheren Durchgang zu seinem Inneren, bzw. zu seinem Bauch. Das Raumschiff meiner Leute könnte als gewölbte Triade beschrieben werden.

Die Wesen.

Die Wesenheiten, die eure Erde besuchen unterscheiden sich in ihrem Aussehen.

Einige sind sehr klein und zart. Überreste von ihnen sind in der Nähe von Suffolk in England, begraben. Einst besiedelten sie die Erde und durch sie hat der Begriff von Feen und kleinen Wesen seine Bedeutung bekommen. Ihre Raumschiffe sind stattlich, und dennoch könntet ihr diese in eurer Hand halten.

Dann gibt es jene Wesenheiten, die ein wenig größer sind, die bekannter gemachte Erscheinungsform. Sie haben blau-graue Haut und große, schwarze Augen. Sie haben keine Haare und keine Ohren. Sie haben lediglich Nasenlöcher und einen Schlitz zum Mund, denn sie essen nicht. Sie haben keine Muskelfaser. Sie bestehen aus Sehnen, Gewebe und Knochen. Sie essen Prana, was der Alte Begriff für Wissen ist. Sie kommen von einem <planetarischen> System, das Wissen immer und immer wieder hineingezüchtet hat aufgrund ihrer Mutter-Göttin, und sie haben Emotion herausgezüchtet. Sie sind hier, um den menschlichen Samen zu Zuchtzwecken zu enteignen, um die Emotion wieder zu ihrem eigenen genetischen Material zurückzubringen. Tränen sind für sie etwas sehr Kostbares, und sie lernen zu lieben.

Dann gibt es die Gruppe, die gekommen ist, um Tier- und Pflanzenuntersuchungen durchzuführen. Sie leben im Innern ihres planetarischen Systems, nicht auf der Oberfläche. Sie sind gekommen, um Teile von Landmassen mit nach Hause zu nehmen, und um genetisches Saatgut mitzunehmen, dieses mit ihren eigenen Pflanzenformen zu kreuzen, um das Paradies zu erschaffen. Sie sind die Großen Götter. In der Vergangenheit haben sie sich mit Menschen fortgepflanzt, und ein Teil dieses Menschengeschlechts und viele von euch, die dieses Material jetzt lesen, sind ihre Nachkommen. Sie sind von Natur aus wunderschön; einige ragen in ihrer Körpergröße über 2.14 m <7 Fuß> hinaus, und ihre Haare, sie fallen bis zu ihrem Rücken. Sie sind sehr breit und muskulös. Ihre Haut hat die Farbe von Zimt; sie wird oft für goldene Haut gehalten. Sie haben blaue Augen und braune Augen. Sie haben Haar in der Farbe des Weizens, und Haar in der Farbe der Nacht. Sie wurden in den Legenden als Elfen gepriesen.

Sie sind, in der Tat, die Götter, die jene Alten Zivilisationen ausgelöscht haben, um neue zu erschaffen. Und ihre Raumschiffe sind von brillantem Weiß. Oftmals wenn sie nahe zu sehen sind, nehmen die kleineren ihrer Raumschiffe die Erscheinungsform eines geschliffenen Edelsteines an, denn sie werden durchsichtig. Wenn sie beginnen, sich in die Höhe zu bewegen, dann wechselt der gesamte Rumpf des Raumschiffes in eine blaßrosa Farbe, und blitzschnell sind sie weg. Sie haben die Fähigkeit, sich als Landmassen zu verkleiden. Sie treten als Wolken auf. Ihr werdet sie oftmals sehen, wenn nichts anderes am Himmel ist, außer einer einzelnen Wolke. Sie haben eure Kinofilme dazu inspiriert, Inhalte zu behandeln, die mit ihnen und ihrer Existenz zu tun haben. Sie sind die Götter der Alten Zeit. Sie kommen von jenseits des Nordsterns. Sie gehören zu meinem Alten Volk.

Sie sind die wohlwollenden Fürsorger. Sie sind als die "Engel", die "Erzengel", die "Oberherren" <Overlords>, die "Konstanten" bezeichnet worden. Sie werden in Wahrheit geachtet. Sie sind diejenigen, die infolge des kleinen, unwissenden Geistes der Menschen Religion in Gang setzten. Und bis zum heutigen Tage müssen sie als Maria oder Joseph erscheinen, damit ihr fähig seid, neue Wahrheit zu glauben. Sie waschen das Blut und den Gestank der Unwissenheit weg, um Wahrheit zum Einsatz zu bringen.

Aus dieser Gruppe gibt es Leute, die unter euch wandeln, und ihr seid euch dessen nicht bewußt. Sie treten schlicht und freundlich auf. Aber sie haben einen enormen Geist. Sie sind Spione! Und sie, mehr als alle anderen, verstehen die Beschaffenheit eures Zustandes. Sie halten alle auf dem laufenden. Es gibt einige von euch, die Sonden in

ihren Ohren und oben an ihrem Mastdarm haben. Ihr seid Teil des Systems.
Die Sonden sitzen bei eurem Sehnerv, und sie sehen durch eure Augen. Wie also würden sie es wissen, wenn ihr darum bittet, sie zu sehen? Die Sonde hinter eurem Ohr läßt sie hören, was ihr sagt. Wie würden sie wissen, wo ihr seid? Sie wissen es zu jeder Zeit. Sie wissen, was ihr lest, was ihr hört, was ihr sprecht. Sie wissen, wohin ihr geht. Sie studieren euch. Und es sind die Keim-Leute, die die Sonden tragen.

Laßt mich hier eine Sache klarstellen. Ihr dürft kein neues Dogma um diese Sonden herum aufbauen. Bitte versucht, diese nicht zu der Modeerklärung des Jahrzehnts werden zu lassen. Viele von euch tragen sie bereits. Aber ich kann euch jetzt direkt hören:

"Na, wie viele hast du denn?"

"Ich habe mehr Sonden als du. Ich bin ganz eindeutig mehr erleuchtet!"

Eines Tages werden sie rauskommen. Ihr werdet euch die Nase putzen und da wird sie dann sein. Ihr werdet denken, daß es sich einfach nur um ein Körnchen Sand handelt. Aber es ist "stachlig". Also werdet ihr denken, es sei eine Spore.

Und nebenbei bemerkt, es ist ganz in Ordnung, wenn sie herauskommt. Das macht euch nicht zu einem Zurückgewiesenen!

Was ist mit dem freien Willen?

Rechtschaffenerweise mögt ihr fragen: "Was ist mit dem freien Willen? Was ist mit meinen Rechten?"

Nun, wir alle haben gesehen, was eure Rechte imstande sind, dieser Erde anzutun. Was ist mit euren Rechten? Was ist mit ihnen? Wie rechtschaffen verhalten sich eure Rechte anderen Leuten gegenüber? Laßt ihr zu? Oder urteilt ihr über andere Leute? Seid ihr wütend oder weniger schnell wütend? Wie rechtschaffen verhaltet ihr euch zur Erde? Läßt das, was ihr tut, dies hier zu einem großartigeren Ort werden? Ist die Erde durch eure Anwesenheit gesegnet oder ist sie dadurch verdammt? Wie rechtschaffen seid ihr?

Was ist mit eurem freien Willen!

Ist es wahrlich, wahrlich euer Wille, diese gesamte Welt zu zerstören? Ist dies der Grad eures freien Willens? Oder obliegt euer freier Wille lediglich eurer eigenen Wirklichkeit?

Er obliegt lediglich eurer eigenen Wirklichkeit. Denn euer freier Wille ist keine Gesamt-Wahrheit, an der alle anderen festhalten sollten. Und ihr habt keineswegs den Geist, um das absolute Wissen festzulegen, denn ihr seid engstirnig aufgrund eurer eigenen vorgefaßten Meinungen und eurer eigenen Angst.

Euer freier Wille reicht lediglich bis hin zu der größten eurer Urteilshaltungen, mit der ihr festlegt, was wirklich und was unwirklich ist, dahinter existiert er nirgendwo, nicht mehr als es auch eure Vergangenheit tut.

Was ist mit eurem freien Willen, mit diesen Wesen zusammenzuarbeiten? Einer der Gründe, weshalb ihr dieses <Buch> aufgegriffen habt, war, um Wissen zu erlangen. Sie wagen einen Einsatz in Bezug auf die individuelle Person, deren Psyche, deren Fähigkeit im Bewußtsein. Wenn sie mit euch Kontakt aufnehmen, wagen sie einen Einsatz darauf, daß ihr ein Potential für Evolution besitzt.

Sind sie irgend verschieden von jenen unter euch, die Tiere mit Schildern versehen und ihren Wanderzug nicht aus den Augen lassen? Und sind sie irgend verschieden von euch, wenn ihr eine nistende Henne aus ihrem Nest vertreibt, um ihre Küken anzusehen und liebevoll zu streicheln? Oh, ihr seid sorgfältig darauf bedacht, wieder alles in seine ursprüngliche Ordnung zu bringen. Aber sind sie irgend verschieden von euch, wenn ihr das der Natur widerfahren laßt? Wo ist der freie Wille der Henne? Und welches Küken gab euch die Erlaubnis, seinen Körper und seinen Flaum zu streicheln? Habt ihr gefragt? NEIN! Nein, ihr hab t nicht gefragt. Denn eurem Geiste nach tut ihr das, von dem ihr das Gefühl habt, ihr müßt es tun, aus Liebe und aus eurem Verständnis für die Natur heraus. Und sie haben euch nicht gefragt. Denn ihrem Geiste nach tun sie es für die Bewahrung der <Menschen-> Gattung.

Freier Wille ist relativ.

Aber was ist mit GOTT?

Was ist mit GOTT? Ist GOTT die Götter? Ja. Ist GOTT ihr? Ja. Ist Er die Henne auf den Küken? Ja. Ist es ein Er? Ja. Ist es eine Sie? Ja. Ist es ein Es? Ja. Ist es die Lebenskraft? Ja. Denn was ist es, das es dem IST erlaubt zu sein? Dies ist es, was jene großen Wesen lieben und was sie "Wissen" nennen. Es ist die Durchführung dessen, im Bewußtsein, das Unbekannte bekannt zu machen. Wißt ihr nicht, daß das ihre Reise ist? Und sind ihre Pfade so verschieden von euren? Sucht ihr nicht ein Abenteuer, das euch Freude bringen wird? Und sucht ihr nicht jenes Abenteuer aus dem Unbekannten heraus? Das dasselbe Unbekannte ist, aus dem auch ein brillantes Raumschiff entstammen kann? Es ist dasselbe Unbekannte.

Es ist dasselbe Unbekannte.

Ihr fragt aus dem Unbekannten heraus nach einer/m Geliebten, und sie fragen nach Wissen. Und ihr beide erhaltet es von derselben Stelle, genannt "GOTT". Jenes ist *ein* durchdringender Geist, der das ALLES ist. Während ihr kleine Dinge in eurer Welt ersehnt, konsumieren sie große. Wo, denkt ihr, stammt das Licht her? Wo, denkt ihr, haben sie es her? Aus dem Unbekannten heraus. Aus ihrem Bewußtsein heraus. Sind sie irgend verschieden von euch? Nein. Es ist ihre Stufe von Evolution, die verschieden ist, und zwar in großem Maße.

Sind sie irgend von euch verschieden, wenn ihr versucht, eure blühende Pflanze zu retten, indem ihr sie gießt? Sie versuchen, euch zu retten, indem sie das Gift in eurem Himmel beseitigen. Seid ihr irgend verschieden? Und bei dem Gott jenes "Nehmt GOTT in euch wahr" handelt es sich um das IST, unverwirklicht. Und euer beider Reisen - die eines brillanten Raumschiffs, das euren gesamten Nachthimmel erleuchten würde und die einer alleinigen Person, die Bewußtheit möchte - sind dieselben. Ihr seid auf dieselbe Weise relativ.

Was euch zusammenbringt ist dieselbe Verwirklichung. Es ist dieselbe Quelle, in die ihr für eure eigenen Wünsche hineingreift, wie sie es tun für ihre Wünsche. Und es ist dies die Quelle im Bewußtsein, wo ich sage: "Reitet auf dem Licht", die euch und all die Reisenden auf dem Licht zusammenbringt. Ihr bringt euch in Gleichstellung, Selbst zu Selbst. Ihr seid nicht geringer als die Götter jenseits des Nordsterns, die 2.44m <8 Fuß> aufragen, mit ihrer strahlenden Haut von der Farbe goldenen Zimtes, mit ihren Augen so blau wie der Himmel oder so braun wie prächtiges Zobelschwarz. Ihr seid von ihnen nicht verschieden, wenn auch ihr Haar in Kaskaden weit über ihre Schultern in seidenem Glanz hinabfällt, hinabfällt über ihre wohlgeformten Muskeln, massiv und wunderschön. Wenn sie auch alterslos sind in ihrem Gesicht mit den breiten Wangenknochen und weiten Augenbrauen. Ihr seid nicht verschieden. Es ist lediglich eine Sache von verschiedenen Wirklichkeiten.

Ihr seht euch an, unbeleuchtet, und denkt, ihr seid es nicht wert, gerettet zu werden. Sie sehen euch an und sehen GOTT.

All dies sind nur Worte. Aber zusammengereiht erschaffen sie für euch ein wundervolles Wissen, um es zu konsumieren. Und diese Worte wurden geschaffen, um einige jener Schranken einzureißen, die euer launischer, kleiner Geist immer wieder um euch herum aufbaut. Wissen ist wie Licht, es vertreibt die Dunkelheit. Und es ist Wissen verfügbar, um viel von eurer Dunkelheit zu vertreiben, um euch zu befähigen, das Licht zu sehen. Und ihr werdet es sehen! Ihr werdet lernen, Zugriff zu eurem Geist zu bekommen, zu denken anzufangen, und der Gedanke zu *sein.* Seid die Hand, die sich ausstreckt und den Burger nimmt und sich dann in klarem Wasser wäscht.

Es geht darum, diese Wahrheit, dieser Geist, zu *sein,* und nicht bei einem Image festzustecken, das davor Angst hat, "angekratzt" zu werden. Es gibt nicht einen von euch, der größer ist, als irgendein anderer. Und es gibt nicht einen von euch, der weniger groß ist. Es gibt lediglich Grade von Wirklichkeiten in dieser Welt. Das ist alles. Und diese sind gekennzeichnet von den Graden an Bewußtsein, und das ist alles.

Einige von euch lesen dies hier, aber denken indessen an den Typ von nebenan. Und einige von euch denken daran, was ihr jetzt alles tun solltet, oder was morgen an Arbeit anfällt. Andere haben nichts anderes als den Wunsch, dies hier zu verstehen, schlicht und einfach, damit ihr nicht wie verängstigte, unwissende Hühner wild herumlaufen müßt, wenn ihr etwas Ungewöhnliches am Nachthimmel seht. Einige von euch wünschen sehnlichst, kenntnisreiche Leute zu sein, die die Reise des Konsumierens von Wissen antreten, und zwar aus einer eindeutigen und tatsächlichen Absicht heraus.

Dies hier ist nicht zu Showzwecken. Dies ist wegen der Absicht, Keim-Menschen ausfindig zu machen. Und, bei Gott, ich hoffe ihr seid würdig. Denn wenn ihr es seid, werdet ihr eine neue Welt und eine neue Zeit sehen. Und all jene alten Tabus, Wissenschaft betreffend, werden einstürzen. Sobald all die alten Tabus für Fragen stellende Menschen hinweggefegt und die Tyrannen untergegangen sind, wird das Wissen wieder wie ein Strom fließen. Und ihr könnt zu eurer Lebzeit - nicht in irgendeiner anderen Lebenszeit, sondern in dieser Lebenszeit - euch darauf stürzen und ein Teilnehmer bei diesem Erlebnis sein.

Es gibt eine Menge durchzuführenden Kontakts, und hoffentlich werdet ihr nicht auf die Hypnotisierenden treffen, die euch mit angsterfüllten Träumen zurücklassen, sondern zieht statt dessen ein Erlebnis zu euch heran, an das ihr euch erinnert, damit ihr ein völlig neues Verständnis erlangen könnt, das sich in euch bewahren wird für die Zeiten, die kommen müssen.

Wie entwickelt ihr euch weiter ohne die
Reibung des Lebens?
Wie entwickelt ihr euch weiter ohne das
Auflösen von Materie und das Umwandeln von Energie?
Ihr müßt es leben!
Der wahre Meister, der im Begriff ist aufzuwachen,
ist nicht der Philosoph. Es ist der Alchemist,
der Veränderung herbeiführt.

Kapitel 6

Der Rand der Wirklichkeit

Die Leute sagen, sie wollen spirituell wachsen, aber sie haben keinen Platz dafür in ihrer Wirklichkeit. Stellt euch persönliche Wirklichkeit als einen Kreis vor, und in diesem Kreis ist das Image. Das Image ist aufgeteilt gleichsam wie die Teile eines Puzzles.

Eure Wirklichkeit ist wie der Kreis, und die Puzzleteile stellen dar, wer ihr seid.

Wenn Leute eine spirituelle Reise antreten, meinen sie, daß sie in linearer Art irgendwohin gehen. Sie machen Veränderungen an der Oberfläche. Sie ziehen los, um ihre Gurus und Lehrer aufzusuchen. Sie studieren Philosophie und lesen die neuesten Bücher. Einige Leute gehen um die ganze Welt, um nach Wahrheit zu suchen, um nach dem wichtigen Teil zu dem Puzzle ihres Lebens zu suchen.

Dieser Kreis besteht darin, daß der äußere Rand jener Wirklichkeit all die Dinge enthält, die in eurem Leben sind, all das Wissen, alles an Dogma, alles von den Dingen, die in Beziehung zur Zivilisation stehen.

Jener Kreis dreht sich also seitlich, und ihr denkt, daß ihr eine spirituelle Reise begonnen habt. Ihr zieht los und ihr macht alles mit. Ihr ändert die Art, wie ihr euch anzieht, und ihr ändert, was ihr eßt. (Nun, die Änderung der Ernährungsweise ist ein wichtiger Teil vom Dogma, nicht wahr? Zu ändern, was ihr eßt, bedeutet lediglich, daß ihr euer früheres Dogma in ein gegenteiliges Dogma verkehrt!)

Das einzige, was ihr wirklich getan habt, ist, von der einen Seite des Randes eurer Wirklichkeit zu der anderen Seite zu gehen. Das ist alles. Ihr habt lediglich die Blickrichtung auf dasselbe alte Dogma umgedreht.

Ihr ändert das, was ihr an euch tragt. Statt Kreuze, Zirkonen und Amuletten, tragt ihr Kristalle.

Statt die Gebete des Herrn aufzusagen, sagt ihr eure Mantras auf. Ihr seid einzig und allein von einer Seite des Randes zu der anderen Seite gegangen. Es hat sich in Wirklichkeit nichts getan. Alles, was ihr getan habt, ist Oberfläche.

Und das Image in der Mitte <des Kreises> ist nach wie vor unangetastet <intakt>.

Ihr scheint euch nie wirklich zu verändern und euch nie über die wohlbeachteten Schwellen der Zivilisation hinauszubewegen. Ihr bewegt euch nicht über das hinaus, von dem "sie" sagen, daß es akzeptiert und normal sei. Bestimmte Dinge sollt ihr nicht essen, sagen "sie". Bestimmte Kleidung sollt ihr nicht tragen, sagen "sie".

Ein religiöser Eiferer könnt ihr schon sein, das ist akzeptiert <auch: tauglich> und normal. Aber seid sorgsam darauf, was ihr anhabt und mit wem ihr eure Zeit verbringt. Irgendjemand beobachtet euch! Und seid sorgsam darauf bedacht, nicht das Image "anzukratzen", das die Zivilisation für euch festgelegt hat.

Doch Zivilsation ist beige. Sie ist aufgebaut aus Nicht-Wesenheiten. Sie ist aufgebaut aus Nummern auf einem Computer. Sie ist nicht aus eigenständigen Individuen aufgebaut.

Das Konzept vom Antreten einer spirituellen Reise führt euch also einfach nur zum anderen Teilbereich des Randes vom selben alten

Kreis. Das Image indessen bleibt unangetastet, denn die Wahrheit ist, daß ihr sehr schwerfällig darin seid, irgend etwas zu unternehmen, was eine durchgreifende Veränderung in eurem Leben verursachen würde.

Das einzige, was ihr in Wirklichkeit bei eurem spirituellen Herumreisen macht, ist, die Rollen auszutauschen. Und daran ist nichts falsch. Aber ich persönlich halte es immer für äußerst zum Augenbrauen-Hochziehen, wenn jemand skeptisch fragt: “Hast du dich wirklich geändert?”

Solange ihr innerhalb des Randes vom Kreis bleibt, könnt ihr eine “spirituelle” Person sein. Aber es wird von euch nicht wirklich angenommen, daß ihr durchgreifende Schritte in eurem Leben macht.

Nur wenige Menschen erkennen überhaupt, daß sie wahrhaftig imstande sind, sich zu ändern! Wißt ihr nicht, daß einer der Beweggründe dafür, daß Leute so verzweifelt “suchen”, darin liegt, zu vermeiden beige zu sein. Die Menschen möchten ihre Individualität begreifen, nicht das Image einer Zivilisation, und nicht das Image ihrer *spirituellen Wahrheit*. Sie möchten sie *sein*. Sie möchten nicht, daß ihnen die spirituelle Wahrheit irgendeines anderen auflackiert wird.

Ihr erlangt keine Glückseligkeit, wenn ihr nicht damit anfangt, jene Propfen zu entfernen, die in eurer Wirklichkeit sind.

Überlegt doch einmal. Wenn eure Wirklichkeit, eure Unsterblichkeit, eure Ewigkeit ein Kreis ist, und die Ganzheit eures Bewußtseins dieser Kreis ist, und wenn ihr ihn dann zustopft mit eurem Image und mit dem, was als tauglich gilt für ein zivilisiertes Wesen, dann habt ihr keinen Platz mehr für Veränderung. Ihr habt keinen Platz dafür, daß das Licht hindurchscheint. Ihr habt keinen Platz dafür, Wunder zu tun. Ihr habt keinen Platz dafür. Denn um Platz dafür zu schaffen, müßt ihr euch ändern. Und um euch zu ändern, müßt ihr die Teile des Puzzles entfernen, um das Licht den Anfang machen zu lassen, hindurchzuscheinen. Dies ist es, was euch Glückseligkeit und Freude bringt.

Ich bin nicht gekommen, um einen weiteren Teil vom Rand eures

Kreises zu schaffen, sondern ausschließlich, um die Teile eures Puzzles hinauszublasen. Und das bedeutet Veränderung, und Veränderung ist gleichgestellt mit dem Unbekannten. Wenn ihr ein Stück von jenem Image hinausblast, gibt es kein anderes Stück des Image, das an seine Stelle kommt, und das Licht fängt an zu scheinen. Es gibt da eine Leere <engl.: void>, aber die Leere ist Freude. Für einen Augenblick habt ihr sie!

Ich bin nicht sehr beliebt, denn ich beschwöre Veränderung herauf im Leben der Menschen. Und ich bewege sie über ihre zivilisierte Tauglichkeit hinaus. Aber ihr werdet nicht zu Gott, dadurch daß ihr eine zivilisierte Tauglichkeit und eine Nummer im Computer seid. Und ihr lernt Glückseligkeit nicht kennen, wenn ihr für sie keinen Platz in eurem Leben habt. Ihr seid zu steril. Zu starr. Das Image ist steril und starr. Es sagt all die "richtigen" Dinge. Es geht zu all den "richtigen" Plätzen. Es tut all die "richtigen" Dinge. Und das hat niemals einen Nutzen gebracht, nicht in der Hinsicht, auf die es ankommt. Nein. Und, in der Tat, das hat niemals einen Christus hervorgebracht. Und es hat niemals eine Legende <einen legendären Menschen> hervorgebracht.

Nein, viele Leute mögen mich nicht, weil ich Veränderung beschwöre. Und ich lasse die Dinge nicht unangetastet. Ich blase sie hinaus. Aber ich muß mich bei niemandem entschuldigen. Ich liebe euch nur. Und ja, ich treibe euch hart an. Und ja, ich bin ein "unredlicher Kerl". Ich habe nie behauptet, Jesus Christus zu sein! Das habe ich nie vorgegeben zu sein. Ich bin hanebüchen und klammheimlich, und ich werde einfach alles tun, um euch zu einem Punkt zu bringen, an dem ihr Stücke eures Puzzles hinausblast, damit ihr das Licht Gottes sehen könnt, damit ihr Glückseligkeit fühlen könnt! Mein Gott, wenn ihr für einen Augenblick Superbewußtsein berührt, kennt ihr Glückseligkeit, denn dann habt ihr Freude in eurer Seele. Ihr könnt es fühlen! Ihr wißt nicht warum, aber sie ist da. Wißt ihr, was das heißt? Das heißt, daß ein weiterer Teil eures Puzzles aus eurer Wirklichkeit hinausgeblasen wurde und daß das Licht hindurchscheint. Das ist der Grund, warum die Freude emporkommt.

Wenn ihr weder ein Heuchler gegenüber dem Leben seid, noch das

Leben an sich vermindert, und es andererseits zu euren Bedingungen lebt, dann ist das der Punkt, an dem ihr real seid. Wenn ihr nicht eine Nummer seid, seid ihr ein Individuum. Dann ist das der Punkt, an dem ihr die ernstzunehmendste Person auf dieser Erde seid.

Indessen mögen andere über meine Leute <hier: die Leute in Ramthas Schule> sagen: "Aber sie haben so vieles aufgegeben."

Aber ich frage euch dies. Was bedeutet "so vieles" im Angesicht und im Licht der ganzen Ewigkeit? Ihr könnt niemals aufgeben, was euch nicht angehört. Eure Wirklichkeit erweitert sich, wenn sich euer Bewußtsein erweitert.

Ja, ihr müßt Veränderungen machen. Ihr müßt in das Unbekannte hineingleiten, um Glückseligkeit kennenzulernen. Und der einzige Weg, um das zu bewerkstelligen, liegt darin, die Veränderungen durchzuführen, die jene Pfropfen hinausblasen, die in eurer Wirklichkeit sind, was es der Veränderung erlaubt stattzufinden. Ihr könnt nicht auf dem Rand eures alten Kreises entlanggleiten, denn dann werdet ihr einfach nur spiritueller Wahrheit in anderer Form drüben auf der anderen Seite wiederbegegnen. Aber das Wiederbegegnen von spiritueller Wahrheit in anderer Form auf der anderen Seite des selben alten Randes, *bewirkt* gar nichts!

Weil ihr euch nicht *wirklich* verändert habt; ihr lebt nicht wirklich eure Wahrheit. Ihr macht damit weiter, auf denselben Hauptstraßen und Nebenstraßen herumzulaufen, und ihr handelt nach wie vor auf dieselbe Art und Weise.

Es steht nirgendwo etwas geschrieben, nicht einmal in den Alten Mitteilungen jener Lehrer aus der Zeit vor 10.000 Jahren, das irgendetwas von vergleichbarer Art lehrt, was der Gott in euch für euch bereithält. Sie konnten es nur andeuten und ein Beispiel sein.

Ich weiß, ihr seid durch viel Feuer gegangen. Ihr habt viel durchgemacht. Aber jedesmal, wenn ihr ein Image niederreißt, und jedesmal, wenn ihr die Farbe Beige der Zivilisation niederreißt, werdet ihr durch ein Feuer gehen. Jeder Christus, der je lebte und nach wie vor lebt, machte dasselbe durch. Aber es war ihre Bestimmung. Sie wollten es hervorrufen. Und ja, sie hatten Angst. Und ja, sie hatten ihre Fragen. Und ja, es gab Zeiten, in denen sie sich wünschten, sie wären nicht die, die sie waren. Und ja, sie zweifelten. Aber da war etwas in ihnen, das sie vorwärtstrieb . Sie wurden zu einer Legende. Weil sie als Individuen lebten. Sie lebten nicht als ein Teil jenes ge-beigeten Randes von Spiritualität oder Zivilisation. Sie lebten sie <Wahrheit>. Sie waren das Feuer der Wahrheit.

Alles von diesem "Zeug" funktioniert; ihr müßt es einfach nur sein. Ihr könnt nicht von der Wahrheit getrennt sein. Sie muß ihr *sein*. Wenn ihr darum ringen müßt zu *wissen*, dann seid ihr getrennt davon. Ihr werdet immer in gleichmäßiger Entfernung von eurem Ringen und eurem Wissen bleiben. Denn im Bewußtsein ist dies es, wie ihr es erschafft.

Die meisten der Leute, die in meinem Bewußtsein sind, befinden sich in einer sicheren Lage. Sie haben Veränderungen gemacht, weil sie es wollten. Und ja, der Welt erscheinen diese Veränderungen zweifelhaft. Aber die Welt ist zur Zeit sehr zweifelhaft. Dies <das Durchführen von Veränderungen> jedoch ist es, was es braucht, um Glückseligkeit zu finden. Dies jedoch ist es, was es braucht, um Einfachheit zu finden und die Liebe zum Selbst, welches die Liebe zu Gott ist. Dies jedoch ist es, was es braucht, um Genie zu haben und ein Leben angefüllt mit Überfluß und Tugend. Ihr werdet das niemals *erlangen*, wenn ihr im Image lebt.

Aber, he, ihr werdet dann auf jeden Fall zivilisiert gewesen sein! Und die Menschen könnten sagen, ihr wärt ein Sucher. Daraufhin wird sich irgendjemand die Umstände machen und fragen, ob ihr es je gefunden habt. Wahrscheinlich nicht.

Sobald ihr Freude und Glückseligkeit versteht, wißt ihr, daß es das Feuer wert ist. Ich kenne viele Leute, die sehr glücklich sind. Und doch gibt es andere, die sich zurücklehnen und sie ansehen würden, und sich fragen würden, wie jene nur glücklich sein könnten. "Seht euch doch nur an, was sie alles aufgegeben haben. Wie können sie glücklich sein.

Sie leben doch irgendwo mitten im Nichts!" Solche Fragen kommen daher, weil diejenigen, die sich so wundern, selbst keine Veränderungen gemacht haben. Sie sind nicht imstande zu verstehen, weil sie nicht vollständig durch die Erfahrung gegangen sind, um wissen zu können. Aber sobald ihr Freude und Glückseligkeit versteht, wißt ihr, daß es den Preis des Hinausblasens einiger Puzzleteile wert ist, die euch ohnehin nie wirklich von Nutzen gewesen sind.

Ihr könnt eine Menge über den Ram sagen. Und viele Menschen tun es! Aber es gibt da etwas Wesentliches an meinen Leuten <die Leute in Ramthas Schule>. Jene, die im Geist reich sind, sind nicht arm. Und sie sind nicht schwach. Sie sind Säulen von Licht. Und sie leben ihre Freude, und sie sind ein Segen für diejenigen, für die es sich ergibt, sie in ihrer Nähe zu haben. Denn all jenes weist sich als Gott und, in der Tat, als Christus aus.

Glückseligkeit und Veränderung.
Sie sind eines im selben.
Ein Meister hat die Fähigkeit,
aus jeder Erfahrung die Weisheit zu sammeln,
und den Mut weiterzuschreiten.

Kapitel 7

Glückseligkeit. Veränderung. Und Bestimmung.

Das Niederreißen der Starrheit dessen, wer ihr seid, ist es, worum es beim Meistersein überhaupt geht. Der Begriff "Meister" ist ein verherrlichter, spiritueller Begriff. Viele Menschen haben alle möglichen Arten von Mythen darüber, was ein Meister sein sollte. Aber wie könnten sie dies wissen? Sie sind kein Meister.

Ein Meister ist jemand, der mit Beharrlichkeit und Ausdauer sein begrenztes Denken im Lichte von Wissen herausfordert. Er fordert die Begrenzung heraus, um Wissen zu erlangen. Er meistert sein Dogma und seine ganz speziellen Ärgernisse, aus denen sich jenes Image in seiner Wirklichkeit zusammensetzt. Bei dem, was er tut, geht es darum, das Verstehen zu erlangen, um die Teile seines Image hinausblasen zu können, denn jedesmal wenn ein Teilstück hinausgeht, kommt das Licht des Verstehens herein, und dies bereichert seine Wirklichkeit. Das versetzt ihn in einen machtvolleren Stand. Ihr seid nur so mächtig wie euer Bewußtsein! Und wenn euer Bewußtsein euer Image ist, dann ist eure Macht sehr begrenzt.

Nun, die Lehrer der Alten Zeit lernten eine Meisterschaft darin, einen größeren Geist zu erforschen, und als Folge meisterten sie die Dinge, die ihr Wachstum unterbunden haben.

Es war zweckvoll, einen Blick auf das Verständnis über Bakterien und Zivilisationen zu werfen. Beide sind die Lebenskraft. Und wenn ihr das wirklich begreift, dann seid ihr imstande, es innerlich zu erfassen, daß Leben ewig ist, und es folglich so etwas wie Vernichtung nicht gibt.

Die kleinen Wesen mit den großen Augen hielten nach einer Zuchtkolonie Ausschau, die sie auch bekommen haben. Dadurch daß sie den Samen, den ihr manchmal tagtäglich verschleudert, und euer unbefruchtetes Ei, das ausgeschwemmt wird, mit nach Hause nehmen und mit ihren eigenen genetischen Formen kreuzen, erzeugen sie neue Leute. Sie bemühen sich darum, Emotion genetisch hineinzuzüchten.

Sie möchten die Fähigkeit haben zu weinen. Sie möchten die Fähigkeit haben zu lachen. Also nehmen sie schlichtweg das von euch, was ihr auf regelmäßige Weise ergießt. Und ihr ruft aus: "Freier Wille! Wie können sie mich nur körperlich belästigt haben?" Nun, ihr tut das die ganze Zeit über. Das ist nichts Neues. Manchmal belästigt ihr euch tagtäglich selbst körperlich! Das einzige, was sie nehmen, ist das, woran euch nichts gelegen war!

Wenn ihr damit aufhört, über ihre physiologische Form und über ihren Beischlaf auf diesem Planeten nachzudenken, und anfangt, ein wenig weiter zu schauen, als nur bis zur Angst, dann würde der nächste Kontakt vielleicht nicht so angsteinjagend sein. Vielleicht würden sie euch dann nicht hypnotisieren oder bewegungsunfähig machen müssen, um sich selbst zu schützen. Erinnert euch, sie sind sehr zerbrechlich und ihr seid sehr ängstlich. Ihr lebt innerhalb dieses "Randes" von Angst und Aberglaube und Furchtsamkeit und Haß und Krieg.

Ihr seid kriegerische Leute. Wenn ihr nicht mit euren Streitäxten Krieg führt, dann tut ihr es mit eurer Zunge. Es ist das gleiche.

Sie hypnotisieren euch, denn wenn ihr nach ihnen greifen würdet, würdet ihr ihnen die Knochen zerbrechen. Sie sind physisch sehr zart. Sie tun, was sie tun, um sich selbst zu schützen.

Da gibt es noch etwas anderes, das ihr vielleicht gerne wissen würdet. Jene von euch, die ihr diese kleinen, stachligen, birnenförmigen Einpflanzungen oben in eurer Nase und anderswo habt, habt den

Wesen, die sie euch eingepflanzt haben, eine große Einsicht über eure Lebensweise zukommen lassen. Sie hören durch eure Ohren. Sie verstehen, was ihr verzehrt. Sie wissen, wie euer Verdauungsapparat funktioniert. Sie verstehen euch. Das ist es, was sie zuwege bringen wollten. Sie wollten wissen, wie ihr euch weiterentwickelt habt, seit sie vor 10.000 Jahren hier waren, und sie dann "ihre Zelte abbrachen" und weggingen. Diese Leute sind nicht hier, um euch zu unterhalten, sondern um etwas in Bezug auf diesen Ort hier zu unternehmen, denn dieser Ort ist in einem sehr schlimmen Zustand. Ich weiß, ihr wißt das nicht, aber ich gebe euch mein Wort darauf. Es ist eine Wahrheit.

Sie sind wieder hier, um die Lehrer zu bringen, um eine Zivilisation zum Einsatz zu bringen, um die Keim-Menschen herauszusuchen, und um die Wahrheit auszusäen. Sie sind hier, um die Keim-Menschen an einem Ort zu sammeln. Sie erkennen, daß hier alles im Begriff ist auseinanderzubrechen, und sie werden helfen. Denn sie verstehen, was gebraucht wird, und sie verstehen die unmittelbar drohende Gefahr der Zerstörung.

Wenn ihr eine 500 Megatonnen Kobaltbombe in den Händen eures Feindes oder eures Freundes habt, der sich in jedem beliebigen Augenblick gegen euch wenden könnte, dann ist die Welt in einer gefährlichen Lage. Und natürlich ganz zu schweigen von dem Rest all der Leute, die die Landgebiete verließen und in die Städte zogen. Irgendjemand muß sich mit all der Habsucht und Verschmutzung, unter der diese Erde leidet, befassen.

Es sind also Wesen hier, um diesen Planeten zum Einsatz zu bringen und um ihre Leute als Keime <Keim-Leute> auszuwählen, so wie sie es immer schon getan haben. Und euer Gott, euer <göttlicher> Geist, der mit ihnen gleichgestellt ist, hat die Zustimmung dazu gegeben, daß sie dies tun.

Es ist eine Armada hier für euch.

Als sie jene Zivilisationen im Handumdrehen auslöschten (und es waren mehr, als die, von denen ich euch erzählte), trafen sie diese

Entscheidungen aufgrund von Situationen, die dem sehr ähnlich waren, was heutzutage in eurer Welt vorgeht. Der einzige Unterschied ist, daß es in der Vergangenheit Warnung über Warnung gab und niemand die Warnungen beachtete. Hier in eurer heutigen Gesellschaft wird die Wahrheit über den Zustand eurer Erde vertuscht.

Es ist ein großes Geheimnis, daß die Welt im Begriff ist zu sterben. Wußtet ihr das? Sie <Die Menschen, die diese Welt kontrollieren> können nicht zulassen, daß die Geldanleger Zugang zu dieser Art von Information bekommen. Sie müssen dafür sorgen, daß das Geld weiterhin hereinkommt, und die Zinssätze müssen oben bleiben und der Dollar muß gleich bleiben. Die Dollars sind es, was wichtig ist. Ihr könnt die Wahrheit nicht ans Licht lassen, weil eure Geldanleger dann in Aufruhr wären.

Die Abhängigkeit von eurer Papiergeld-Illusion ist so groß, daß sie die Tatsache geheimhalten, daß die Welt am Sterben ist, nur damit der Scheck jeden Monat hereinkommen kann. Das ist es, was man hat, wenn die Menschen die Landgebiete verlassen und nur einige zurükklassen, die die Verantwortung haben, Nahrung, Kleider, Unterkünfte, Wasser und die Fülle des Lebens heranzuschaffen. Dies ist es, was passiert, wenn die Menschheit es wählt, in Höhlen aus Glas zu leben, statt in Harmonie mit der Erde. Wenn ihr nicht mehr in Harmonie mit der Erde seid, seid ihr nicht mehr in Harmonie mit der Lebenskraft. Ihr geratet aus dem Gleichlauf <Einklang> heraus.

Die Natur ist dem Menschen hinsichtlich Evolution voraus, und dennoch bezeichnet ihr dies hier als Zivilisation. Zivilisation ist das Gefährlichste, was dem menschlichen Wesen je widerfahren ist.

Der Prozeß von Zivilisation ist eine Lernerfahrung, ja. Aber es ist eine Falle. Schaut euch doch an, was ihr auf euch nehmen müßt, um jeden Tag akzeptiert zu sein. Schaut euch an, wovon ihr abhängig seid. Könnt ihr aufhören, eure Automaschinen zu fahren? Könnt ihr aufhören, den Schlüssel umzudrehen und die Abgase am anderen Ende hinauszujagen? Könnt ihr aufhören, Benzin zu kaufen? Könnt ihr aufhören, Plastik zu benutzen?

Was würden die Leute von euch halten, wenn ihr ein Pferd anspannen und zur Stadt hinunter "fahren" würdet? Überraschender Einfall! Aber ihr wärt bei niemandem mehr beliebt, falls ihr dies tun würdet, und ihr wärt nicht fähig, dem Spott mutig entgegenzutreten. Und nichtsdestoweniger kommt das, was das Pferd frißt, direkt von der Erde, und was am anderen Ende herauskommt, düngt die Erde. Es ist in Harmonie. Das ist ein sehr schlichtes Beispiel. Es gibt Menschen auf eurer Ebene, die so leben.

Die Außerirdischen, die hier sind, sind - im ganzen gesehen - gekommen, um dabei zu helfen, die Dinge in Ordnung zu bringen, denn was immer der Erde Schaden zufügt, wird allem in dieser Galaxie Schaden zufügen. Diese Galaxie ist gewissermaßen wie euer Körper. Laßt uns annehmen, ihr bekommt an irgendeiner Stelle eures Körpers eine Wunde, an irgendeiner Stelle, der ihr sonst kaum je Beachtung schenkt. Plötzlich richtet sich eure ganze Aufmerksamkeit auf diese wunde Stelle, nicht wahr? Wenn ihr ein Jucken habt, geht der Brennpunkt eurer Aufmerksamkeit zu diesem Teil eures Körpers, nicht wahr? Eure ganze Aufmerksamkeit richtet sich darauf, um euch Erleichterung zu verschaffen.

Die ganze Galaxie ist gleichsam wie euer Körper, und wenn eine wunde Stelle hervorbricht, richtet sich die gesamte Aufmerksamkeit, die gesamte Bewußtheit jenes Körpers auf diese wunde Stelle. Und wißt ihr was? Die wunde Stelle seid ihr!

Ich sage euch das, denn je mehr ihr beginnt Wissen zu haben, das in euer Gefäß hineinströmt, umso größer wird euer Bewußtsein werden, umso größer eure Bewußtheit. Das ist es dann, was dasselbe Ideal zu euch heranmagnetisieren wird, und es ist genau die eine Sache, die euch außerdem noch bewahren wird. Es ist jenes Licht, das durch die Puzzleteile eurer Wirklichkeit hindurchkommen wird.

Jedesmal, wenn ihr einen grünen Feuerball an den Himmelsgewölben zerplatzen seht, bemüht dieser sich gerade, das dort sitzende Gift zu neutralisieren. Und das ist nicht nur euretwegen. Jene Geschöpfe, die im Meer leben, haben eine Seele. Die Tiere, die sterben, haben eine

Seele. Und sie haben einen Geist, und ihr Aufschrei wird ebenfalls gehört.

Die großen Lehrer aus der Zeit vor 10.000 Jahren, die allen Zivilisationen Wissen brachten, sind wieder zurück. Die Lehrer, die die Eskimos von Ceylon zum frostigen Norden umzogen, und Wesen herumbeförderten, und Schulen führten, in denen sie sich darum bemühten, die Menschen zu lehren, damit diese über ihr zerstörerisches Gen hinausgelangen würden, sind wieder zurück. Die Lehrer, die sich bemüht haben, das menschliche Drama umzuwenden, kehren nun zurück, um das offenzulegen, was die Welt versucht geheimzuhalten. Nämlich daß ihr im Begriff seid zu sterben, einfach weil eure Schecks jeden Monat hereinkommen sollen!

Wir sind weggelangt von jenem verklärten Entwurf über Außerirdische, die euch lieben und mit einem Lichtstrahl nach oben holen wollen und euch mit nach Hause nehmen, weil ihr so entzückend seid. Wir sind weggelangt von jener romantischen Vorstellung, daß ihr ihnen irgendetwas beibringen werdet! Wohl kaum! Und wir sind weggelangt von der Auffassung, daß ihr grandios genug wärt, so daß sie euch haben wollten. Warum sollten sie euch haben wollen? Sie sind eure Brüder, die euch lieben. Sie sind Geist. Sie sind Wissen. Sie haben nicht dieses Image-Problem, das ihr habt. Sie entwickeln sich geradeso, wie auch ihr euch entwickelt, aber sie werden nicht von einem "Image" beherrscht.

Als jemand, der euch liebt, ergreifen sie Maßnahmen, um euch zu helfen. Ihr werdet mit ihnen Kontakt haben, wenn euch derselbe Geist und dieselbe Absicht zueigen ist. Wenn ihr über das Konzept hinausgelangt, daß ihr in irgendeinem Raumschiff hochgeholt und weggebracht werdet; wenn ihr über das Konzept hinausgelangt, daß euer Seelengefährte in einem jener Raumschiffe ist; wenn ihr über das Konzept von all jenen Auffassungen hinausgelangt, die sich auf diesem zuvor beschriebenen "Rand des Lebens" befinden, und auch über eure Image-Probleme, dann werdet ihr einen grandiosen Kontakt haben, denn dann werdet ihr zu euch Gleiches heranmagnetisiert haben.

Mittels eures Aurafeldes <Lichtfeld um den physischen Körper> magnetisiert ihr das zu euch heran, was ihr im Bewußtsein erschafft. Was ihr an Bewußtsein erweitert, magnetisiert ihr zu euch heran. Das ist Wirklichkeit.

Das ist der Grund, weshalb Dinge von euch wegfallen, wenn ihr euch verändert. Denn wenn ihr euch verändert, habt ihr Lücken in eurem Leben, und Freude kann hereinkommen. Wenn ihr euch verändert, werdet ihr glücklich. Ihr wißt nicht warum, ihr seid es einfach. Was ihr im Bewußtsein drinnen habt, magnetisiert ihr zu euch heran. Das ist es, wie es funktioniert, Leute.

Es ist alles relativ.

Was ihr lernt, hat nichts damit zu tun, durch die Hintertüre davonzugehen. Damit hat es nichts zu tun. Genauso sicher, wie ihr Veränderungen gemacht habt - und jene Veränderungen sind als Folge von Bewußtsein zustande gekommen - genauso ist es möglich, eine Partnerschaft mit diesen Leuten heranzumagnetisieren. Aber ihr müßt Vorbereitungen treffen, um ein Partner zu sein. Ihr könnt nicht ein verklärter, spiritistischer Partner sein. Ihr müßt eine reale Person sein. Wir halten nicht nach einem Image Ausschau, wir halten nach Substanz Ausschau. Wir halten nach Gott Ausschau und nach eurer Fähigkeit, dieses <Gott-sein> zu entfalten, dieses zu sein, dieses zu leben, dieses zum Ausdruck zu bringen.

Sie wählen keine Einfaltspinsel aus. Sie wählen euch nicht danach aus, wie berühmt ihr seid, oder wie reich ihr seid, oder wie arm ihr seid. Sie wählen euch anhand eurer Einfachheit aus, und nur ihr gegenüber geben sie sich zu erkennen. Denn in jener Einfachheit liegt Brillanz. Wenn ihr damit anfangt, eure Wahrheit zu leben, in eurem Leben, dann magnetisiert ihr Gleiches zu euch heran.

Tut dies nicht, um euch einen Namen zu machen. Tut es, weil ihr liebt, was ihr seid, und weil ihr die Lebenskraft liebt. (Die Lebenskraft ist das Licht, auf dem ihr reitet, wenn ihr aus diesem Körper herausgeht.)

Diese Leute haben einen eigenen Willen. Habt ihr nie Freunde gehabt, die nicht zum Essen erschienen sind? Diese Wesenheiten sind am Beobachten. Sie wissen genau, wer ihr seid. Sie wissen genau, was ihr macht. Sie sind sehr unterrichtet. Ihre Art des Sehens ist nicht wie die eure, aber sie sind über euch genauestens unterrichtet.

Einige der Sichtungen, die ihr macht, stellen in Wirklichkeit einen Gruß an euch dar, eine Art "Hallo". Als meine Tochter zum ersten Mal mit dem Ram bekanntgemacht wurde, mußte ich ihr einen Boten senden, um sie davon zu überzeugen, daß es so etwas wie mich gibt, und daß ich tatsächlich nicht der Teufel bin. Der Bote bestand in einer weisen, alten Frau, zu der meine Tochter ging, um sie um Rat zu fragen. Und um sie noch mehr zu überzeugen, denn sie bedurfte viel des Überzeugens, sandte ich ihr eine Botschaft mittels eines Ouiji-Brettes. (Ja, ich bin skrupellos.) Und die Botschaft lautete: "Oh Weise, wir grüßen dich. Grüße! Gehe nach draußen, damit du die Lichter des Himmels sehen mögest." Also rannten sie alle auf der Stelle nach draußen, und wir kamen als große Lichter am Himmel. Wir kamen über ihre Köpfe, teilten uns, zogen hoch zum höchsten Punkt, wendeten, und lieferten eine spektakuläre Show. Und das geschah, nur um zu sagen: "Hallo. Ja, wir existieren." Einfach nur, um ein wenig fürs Überzeugen zu tun.

Und jemand sagte: "Es könnte ein Meteorit gewesen sein!"

Es war auf zu wundervolle Weise entworfen, als daß es ein Meteorit hätte sein können.

Die Lichter, die ihr seht, wenn ihr zum Nachthimmel hinaufstarrt, sind ein Gruß. Sie sind das erste "Hallo". Ihr werdet noch viel mehr davon sehen. Und wenn sie den Eindruck erwecken, als wären sie scheu, sie sind es. Und wenn sie sich euch zu erkennen geben und ihr über die Art, wie sie aussehen, erschreckt, dann verliert ihr vielleicht die größte Brücke zum Licht, die ihr jemals in diesem Leben haben werdet. Aber wenn sie zu euch kommen, in strahlendem Licht, und euer Gott sich in absoluter Liebe in euch erhebt, dann werdet ihr ein Abenteuer erleben, das weit über jedwedes Wort, das ich in eurem Wortschatz finden könnte, hinausgeht.

Nehmt euch die Zeit, um zu lernen, um euren subjektiven Geist zu einem objektiven Geist umzuwandeln. Das ist sehr schwierig, aber das ist es, was es braucht, um auf ein Wesen zu blicken, das mitnichten so aussieht wie ihr. Ihr seid durch eure Horrorfilme und eure abergläubischen Vorstellungen so programmiert, daß ihr alles, was von euch verschieden ist, als übel und böse anseht.

Objektiver Geist sieht es auf andere Weise. In "Bewußtsein und Energie" erreicht ihr das objektive Bewußtsein. Man nennt es das Unbekannte, und genau da wird euer Gott auferstehen und sich zum Einsatz bringen.

Diese Informationen sind so sehr Tatsache wie das Atmen. Ich möchte, daß ihr wißt, daß diese Wesen genauso real sind wie eure Freunde, die ihr jeden Tag seht. In der Tat, diese Wesenheiten sind nahezu wie euer Nachbar von nebenan. Wenn ihr euch nicht die Mühe macht, Wärme und Liebe zu zeigen, dann werdet ihr nicht in der Lage sein, eine Beziehung herzustellen. Oftmals müßt ihr den ersten Schritt machen. Und ja, ich weiß ihr seid erdgebunden, aber eines Tages werdet ihr fähig sein, vom Boden zu levitieren <mit dem eigenen Körper frei schweben>, und das wird eine recht bemerkenswerte Leistung sein. Jene Geräusche, die ihr dabei macht, wenn ihr bei dem Verfahren namens "Bewußtsein und Energie", das ich lehre, die Luft pumpt, jene Geräusche sind es, wie die Meister in den Klöstern levitieren.

Ihr macht Gebärden, und sie sagen "Hallo". Wenn ihr sie segnet, dann ist das ein Gruß.

Was ihr lernen müßt ist, wie ihr über das Puzzle eures Lebens hinausgelangt. Denn je reiner ihr im Bewußtsein seid, umso grandioser die Kontakte. Und falls ihr es tut, um der Welt zu zeigen, daß ihr Kontakt gehabt habt, besteht das Risiko, daß ihr keinen Kontakt bekommen werdet. Aber wenn ihr es aus der Liebe des Gottes heraus tut, der in euch ist - denn auch sie leben auf diesem Bewußtsein -, dann wird die

Beziehung eine sehr wundervolle sein. Begreift ihr jetzt, warum es wichtig ist, dies nicht subjektiv zu nehmen? Wenn ihr diese Informationen nicht mehr subjektiv auffaßt, ist das der Punkt, daß ihr in *großen* Geist hineingelangt, und das ist es, was sie sind.

Habt ihr bemerkt, daß viele Leute umziehen? Leute werden durch den Geist bewegt. Sie werden bewußt und sie reagieren dementsprechend, obwohl diesmal keinerlei Engel erscheinen, um die Menschen aufzufordern, gewahr zu sein.

Ich möchte, daß ihr wißt, daß es viel darüber aussagt, wer ihr seid, wenn ihr den Ruf vernommen habt und auf euren Geist gehört habt. Wenn euer Geist euch in Harmonie mit dieser Wahrheit, diesen Worten in Bewegung setzt, dann seid ihr Teil der Keim-Menschen, die alles sehen und überleben werden. Und wenn dem so ist, können wir die Kommunikation wieder eröffnen, und das wird wundervoll sein. Und die Lehrer aus der Zeit vor 10.000 Jahren können zurückkehren. Und die Schöpfer der Grabsteine der Lebenden können zurückkehren, nämlich die Schöpfer jener 20 Meter hohen, 50 Tonnen schweren Statuen, die zum Himmel hinausstarren und schweigend sagen: "Wir kommen zurück. Wir sind nicht begraben. Wir sind dort draußen, wo diese Augen hinschauen. Und wir kommen zurück."

Die Kommunikation wird geöffnet, wenn das Bewußtsein bereit dafür ist. Es hat Zivilisationen gegeben, die in eurer Menschheitsgeschichte bereit dafür waren. Sie gingen ganz einfach von hier weg. Sie haben sich aus dieser Verständnisebene *hinaus*-entwickelt, und sie sind weg. Sie sind in einer anderen Dimension. Das ist ihr natürliches Stadium von Evolution. Und es gibt hingegen Zivilisationen, die in nur einem Augenblick vernichtet worden sind, wie ich bereits berichtete.

Bewußtsein muß bereit sein für eine Verabredung mit jenen, die von jenseits der Sonne kommen, und ihr steht kurz vor solch einem legendären Abenteuer. Diejenigen, die das nicht erkennen können, sind in ihrem Geiste tot. Sie sind nicht imstande, sich zu ändern. Sie müssen gemäß dem Image leben. Sie sind das, was ihr "Zivilisation" nennt. Die wenigen, die es erkennen und verstehen, werden beginnen, die Brücke zu diesen wundervollen Lehrern zu bauen, und zu dem Wissen, das jene mit euch teilen können.

Diese Lehrer würden nicht kommen, um sich selbst zu erhöhen, sondern um euch als Gleichgestellte zu erhöhen.

Euer Image kann mit diesen Informationen eines von zwei Dingen tun. Es kann "abschalten", weil es unter Überdruck steht; oder es kann sie beiseite wischen und sagen: "Das war eine interessante Geschichte, aber das wird sich nie ereignen." In welchem Falle es sich auch nie ereignen wird. Denn ihr legt fest, wieviel ihr von dieser Wahrheit in eurer Wirklichkeit haben möchtet. Wußtet ihr das? Wenn ich euch diese Informationen gebe, handelt es sich einfach um Worte. Wenn sie zu eurer Wahrheit werden, dann magnetisiert ihr diese Wirklichkeit zu euch heran. Dann seid ihr eine lebendige Wahrheit!

Es gibt eine ganze Legion <von Menschen>, die jetzt im Begriff ist aufzuwachen, und das hat es in jeder Zivilisation gebraucht.

Es gibt Menschen, die endlich aufmerksam werden auf die Zerstörung dieses Planeten, und es wird zu einem Aufschrei kommen. Das ist ein Segen.

Und eines Tages wird die Menschheit aufwachen, sich von ihrem verweichlichten Hinterteil erheben und anfangen, gegen die Tyrannei zu marschieren, und wenn das geschieht, wird die Tyrannei nichts anderes tun können, als sich besiegt zu geben. Schaut doch auf die Anzahl. Nur eine kleine Gruppe von Menschen kontrolliert diese Welt. Was wäre, wenn jeder aufwachen und sagen würde: "Genug. Ich werde dieses nicht mehr länger als meine Erfahrung haben." Dann hättet ihr die erste Zivilisation, die nicht Geschichte wäre!

Geschichte wiederholt sich deshalb, weil Zivilisation an sich ein Abbild der Vergangenheit ist. Amerika ist erbaut auf Roms Asche. Dies ist die Art, wie es abläuft. Jede Zivilisation wird in Beige getaucht, eingehypnotisiert, verzivilisiert, und zwar so lange, bis sie alle zu unwissenden Nummern werden. Ihr seid keine freidenkenden Leute, und ihr werdet mittels Religion davon abgehalten, freidenkende Leute zu sein! Das ist das Schwert dieser Zeiten.

Wenn jeder aufwachen und sagen würde: “Genug!” und den Marsch unternehmen würde gegen die Regierungen, gegen die Gesetzesmacher, und gegen jene, die über die Habgier herrschen, dann würden sich die Dinge ändern. Wenn genügend Menschen Plastiksachen ablehnten und sagten: “Legt es mir in die Hand.” Wenn genügend Menschen ihre Elektrizität abschalten würden, sich weigern würden, von der Dienstleistung Gebrauch zu machen, und sich weigern würden, ihre Autos anzulassen, dann würde Genie überhandnehmen. Weil nämlich in den Aktenablagen der Autohersteller die Pläne liegen für *Perpetuum mobile-Maschinen;* sie konnten es sich nur nicht “leisten”, sie vorher schon herzustellen.

Aber wenn Energie frei wäre, wie könnten sie dann noch die Leute kontrollieren? Und dazu dürfen sie es “selbstverständlich” nicht kommen lassen!

Wißt ihr nicht, was ihr in Wirklichkeit seid? Ich werde euch sagen, was eure Lehrer wußten. Ihr seid Sklaven unter dem Joch von einigen tyrannischen Wenigen, die die Welt beherrschen. Und ihr sagt "in Ordnung” dazu, jedesmal wenn ihr einen Scheck ausstellt.

Es gibt viele Dinge, auf die ihr Einfluß nehmen könntet, aber es gibt einige Dinge, die nicht geändert werden können. Es gibt einige Dinge, um die sich einzig und allein geologische Zeit oder supernatürliche Hilfe kümmern kann. Und eines der Dinge, die ihr nicht verändern könnt, ist der Zustand eurer Ozeane.

Ihr seid nicht imstande, eure Ozeane zu reinigen. Womit wollt ihr sie reinigen? Habt ihr einen Staubsauger, der groß genug ist? Habt ihr ein Sieb, das groß genug ist? Habt ihr genug Chemikalien, um das unwirksam zu machen, was ihr dort hineingeschüttet habt? Selbst wenn ihr genug Chemikalien hättet, um dem entgegenzuwirken, was ihr getan habt, würden die Chemikalien die Ozeane jedoch steril machen, und es würde weitere 100 Millionen Jahre dauern, um die Lebensformen in Gang zu setzen, wie ihr sie heute kennt. Was werdet ihr tun? Eßt ihr immer noch gerne euren Fisch? Ihr eßt euren Dung. Nein, in Wahrheit könnt ihr keine entgegenwirkenden Chemikalien in das Meer schütten, aber ihr könnt eine Menge anderer Dinge tun.

Diese Wesenheiten, mit denen ihr Kontakt aufnehmen möchtet, sind hier in großen Angelegenheiten. Sie sind die einzigen, die etwas für eure Ozeane tun können, und was sie geplant haben, müßt ihr nicht wissen. Ihr müßt lediglich wissen, daß dies es ist, wo die Hilfe herkommt. Sie kann nicht vom Menschen kommen. Dafür ist es zu spät!

Und wußtet ihr, daß euer Himmel im Begriff ist einzustürzen? Er bekommt Risse und ist im Begriff einzustürzen. Ich könnte euch noch einige Dinge mehr sagen, aber man würde mich bezichtigen, Angst auf dem "Marktplatz" zu verbreiten.

Manchmal braucht es schockierende Erkenntnisse, um die Menschen aufzuwecken!

Wir müssen uns auf das nächste Jahrzehnt konzentrieren. Das ist es, wozu ihr euch jetzt gerade ändert. Als ich gesagt habe: "Ihr seid in meinem Bewußtsein", wißt, daß ich es so meinte. Die wenigen von euch, von denen ich sagte, daß ihr die Keime des Wissens seid, ihr seid es. Und ich werde die Informationen zu euch hinströmen lassen, damit ihr nicht unwissend seid, damit ihr euch nicht dabei überlassen seid, in jenem zivilisierten Image ohne die Wahrheit herumzulaufen. Ich möchte, daß ihr wißt, wie man über diese Wahrheit verfügt und wie man diese Wahrheit lebt, so daß ihr, wenn ihr Kontakt habt, euch nicht umdrehen und wegrennen werdet. Ich möchte, daß ihr ausreichend Wissen habt, um den Mut zu haben, euch zum Einsatz zu bringen. Und ihr werdet nicht losrennen und den Zeitungen Bericht erstatten müssen, nur um euch selbst zu verherrlichen. <Es gibt Leute, die das tun, so wie es auch Leute gibt, die sich ins Rampenlicht setzen, nur um ihr Selbst zu verherrlichen.>

Seid, was ihr seid, und schreitet voran.

Nehmt dieses Wissen, erweitert euer Bewußtsein und bringt euch jeden Tag in eine Linie <mit dem Gott in euch>. Wenn ihr euch die Nase putzen könnt, dann könnt ihr "Bewußtsein und Energie" machen. Ihr müßt die Zeit nicht erst dafür schaffen, um es zu tun. Es sollte vielmehr die Sache sein, die euer Konzept von Zeit unwirksam macht und das *Jetzt* erschafft. Ihr möchtet mehr Dinge sehen? Erweitert euer Bewußtsein, damit ihr mehr sehen *könnt*. "Öffnet" jenen kleinen Bereich eures Gehirns gleich hinter eurem Ohr. Es gibt da einen Teil des Gehirngewebes in der Größe einer Nuß. Wenn die Zirbeldrüse durch die Bewegung der Energie offengestoßen wird, erfolgt ein Erwachen von Elektrizität, wie ihr es bezeichnen würdet, die zu jenem Teil des Gehirns hinwogt. Dies ist der wahrnehmungsfähigste Bereich, denn er erlaubt dem Sehen, interdimensional zu sehen. (Das wird es euch ermöglichen, mich zu sehen.) Das Verfahren des Öffnens jenes Gehirnbereiches erlaubt es euch, Licht zu sehen. Es erlaubt euch, das zu sehen, was "nicht sichtbar" ist. An jedem Tag, an dem ihr "Bewußtsein und Energie" macht, pumpt und erweitert ihr Bewußtsein, um das Unsichtbare zum Einsatz zu bringen.

Und erzählt mir nicht, daß es <"Bewußtsein und Energie"> nichts bringen würde. Das tut es schon. Es funktioniert. Es bläst hinaus und erschafft Freude. Und wenn alles, was es euch schenkt, ein Moment des Lachens ist, hat es eine wundervolle Sache bewirkt, denn jenes Lachen wird dieselbe Art von Wirklichkeit zu euch heranmagnetisieren.

Innerhalb des nächsten Jahrzehnts habt ihr einen Vorwärts-Marsch durch tumultartige Zeiten. Ihr müßt euch in die Erde *eingraben*, und damit fortfahren, euch souverän <auch im Sinne von "autark", also wirtschaftlich unabhängig und auf nichts angewiesen sein> zu machen, um frei zu sein. Und frei bedeutet nicht ein "Schnorrer". Schnorrer sind Blutegel. Blutegel sind nicht souverän. Ihr müßt euer eigenes Fleckchen Erde haben. Ihr müßt euch "vergraben" und alle Vorbereitungen getroffen haben, denn sobald für all das gesorgt ist, könnt ihr das Wissen hereinziehen, und es wird zu euch kommen wie ein Strom.

Glückseligkeit und Veränderung. Sie sind eines im selben. Und ein

Meister hat die Fähigkeit, aus jeder Erfahrung die Weisheit zu sammeln, und den Mut weiterzuschreiten. Das ist Glückseligkeit.

Wenn ihr nicht imstande seid, die Weisheit und den Mut aus jeder Erfahrung zu sammeln, dann seid ihr im eingefahrenen Geleise gefangen. Und jener Splitter von Licht, der durch das Puzzle hindurchscheint, wird wieder mit zivilisierten Vorstellungen zugekleistert und ihr geht zurück ins alte Geleise. Und ihr seid niemals wieder dieselbe Person. Nie wieder.

Glückseligkeit bedeutet, die innere Anmut zu haben, um einen Augenblick zu entdecken, der ohne die Illusion der Vergangenheit oder der Zukunft ist. Es ist ein Augenblick, da Zeit unwirksam gemacht wurde, in dem man jener Augenblick sein kann. Nicht jeder ist bereit, das Image zu *besitzen* <im Sinne von: es als Weisheit zu besitzen und somit darüber hinauszuwachsen>. Nicht alle sind soweit in ihrer Evolution, denn nicht alle besitzen den Keim der Liebe und des Wissens, was euch den Mut gibt, der es euch erlaubt, diese Dinge anzugehen. Deswegen ist aber keiner irrig oder zurückgeblieben. Dies ist nur einfach, wie es ist.

Das sind schwierige Lehren, denn sie bewirken Veränderung, und das ist gleichzusetzen mit Schmerz. Und die meisten Menschen gehen nie den ganzen Weg zur anderen Seite; sie halten genau in der Mitte an. Weil es zu sehr schmerzt, und sie rennen zurück, und erlangen nie den vollständigen Umfang der jeweiligen Erfahrung. Sie erlangen nie Weisheit. Sie erlangen lediglich Bedauern, Schmerz, Qual und Gram.

Meine Leute sind schöne Wesenheiten. Weit schöner noch, als euer Auge fähig ist, etwas als schön zu erfassen. Sie sind die feurigen Wagen der Alten Zeit.

Und ja, sie bringen noch immer die Erscheinung der Jungfrau Maria zur Aufführung, um der Kirche eine Botschaft zu übermitteln und auf diese Weise zu versuchen, diesen Dussel zu ändern. Wißt ihr, wie viele Mütter Maria es schon gegeben hat? Man muß das mit den Leuten machen. Man muß ihnen ein Bildnis liefern, damit einem geglaubt wird. Einige von euch werden etwas sehen, das für euch keinerlei Sinn ergibt, und das tut es deshalb nicht, weil ihr nicht fähig seid, wirklich zu sehen, *wer* das Bildnis liefert, denn es würde euch ängstigen. Ihr würdet euch verschließen. Folglich müßt ihr Dinge in Form von Bildnissen <auch: Bildhaftem, Verkörperungen> sehen. Das Buch der Bücher ist voll von Bildnissen; dies wurde an der Menschheit verübt, einfach um die Botschaft “an die Leute zu bringen”.

Jene großen Götter sind noch immer in der Nähe. Und ja, auch sie könnte man vielleicht als Täter betrachten. Aber ihr müßt euch daran erinnern, daß sie es hier mit einer Mentalität zu tun haben, die sehr kleinlich und abergläubisch und unwissend und furchtsam ist. Folglich müssen sie sich mit Wahrheit in der Weise an euch wenden, die eurer Aufnahmefähigkeit entspricht. Es wird ein wundervoller Tag sein, wenn ihr fähig seid, sie ohne das Bildnis zu sehen.

Erinnert euch daran: Auch sie haben eine Bestimmung. Und die ihre ist ebenfalls eine Bestimmung von Evolution. Ihre Evolution kann mit eurem linearen Geist nicht einmal begriffen werden, denn ihr versteht Dinge lediglich von Punkt A zu Punkt B, also auf lineare Weise. Ihre Bestimmung ist es, Gott zu *sein*, alles zu sein, was sie sein können.

Es liegt nicht in der menschlichen Natur, gelangweilt zu sein; Langeweile ist der Tod für den menschlichen Geist. (Wir sprechen hier von Menschen, die interdimensional und interstellar sind und auch von jenen in Parallel-Universen.) Darin liegt der Grund, weshalb Zivilisationen historisch gesehen “Geschichte” sind, und zwar weil sie dieselbe alte Sache wiederholen, weil sie im Image gefangenbleiben. Sie entwickeln sich nie weiter. Diese Leute jedoch entwickeln sich weiter. Sie haben ihre eigene Bestimmung.

Nun, dann wollen wir einmal euch betrachten. Ihr seid erdgebunden. Ihr habt nicht die feurigen Raumschiffe für einen Ritt auf den Nachthimmeln. Ihr habt keine Flügel, und ihr seid keine 7 Fuß groß. Ihr habt kein leuchtendes Aussehen. Aber ihr seid dennoch Gott. Ihr seid genauso bedeutend, wie sie es sind. Haltet euch niemals für geringer als andere. Ihr seid lediglich in einem unterschiedlichen Stadium von

Evolution. Eure Bestimmung als Gott ist geradeso bedeutend wie ihre Bestimmung. Ihr, <als> das menschliche Wesen, habt eine Rolle zu spielen; und euer Geist treibt euch dazu an, sie zu spielen.

Ich hätte nicht herkommen müssen und hätte diese Informationen nicht übermitteln müssen. Ihr habt keine Ahnung, was ich auf mich nehme, um hierher zu kommen! Ich weiß, einige von euch fragen sich, ob ich ein würdiger Lehrer bin. Habt ihr euch je gefragt, was ich über euch denke? Seid ihr dieser Lehren wert? Seid ihr der Liebe wert? Es gibt da indessen etwas sehr Bedeutendes an euch, das ich liebe. Dies ist schlichtweg, daß ihr Gott seid, und das ist es, was ich liebe.

Ihr habt eure eigene Bestimmung, und ihr werdet sie zu dem machen, was immer ihr sie sein lassen wollt, entsprechend eurem Geist, der fordert, daß ihr euch entwickelt. Und das ist eine rechtschaffene Sache, denn euer nächstes Leben ist vielleicht dort, wo diese Wesen jetzt sind.

Vielleicht wird euer nächstes Leben weit weg auf einem Planeten sein mit einer blauen Sonne, statt einer gelben. Und an wem ist es zu behaupten, daß dieses gegenwärtige eure Leben der Abschaum von all euren Leben ist? Es stellt einen Schritt dar in der Evolution. Euer Leben, auf lineare Weise betrachtet, würde als Schritte durch sieben Ebenen gesehen werden, und jeder Schritt würde darauf eine Fußspur haben. Und jene Fußspur ist jedes Leben, bzw. alle Leben insgesamt, die Erleuchtung hervorbringen. Und sowie ihr einen Schritt macht, wird der nächste noch grandioser sein. Dieses Leben ist also *ein* grandioser Schritt in eurer Evolution.

Was ist der nächste Schritt? Sie alle existieren nur in dem Augenblick, den ihr jetzt erschafft. Das ist es, was von Bedeutung ist - das *Jetzt*. Schaut niemals zu diesen Leuten hinauf und wünscht euch, sie zu sein. Wenn ihr das tut, wertet ihr euch selbst ab. Wünscht euch niemals, daß ihr irgendwo da draußen leben würdet, denn wenn ihr das tut, zerstört ihr eure Wirklichkeit. Seid, wer ihr seid, und entwickelt euch weiter. Das wird euch größere Ergebnisse und herrlichere Abenteuer bringen, als es euer Verstand euch je hätte eingeben können.

Fazit der Ausführung ist, ihr seid all dessen wert!

Ihr alle seid Teil eines großen Teppichs, eines großen Planes. Ihr seid Teil der Fäden, die sich durch jenen Teppich ziehen. Ihr wißt es vielleicht nicht, denn zum jetzigen Zeitpunkt seid ihr nicht imstande, alles zu wissen. Ihr werdet euch dahin entwickeln, alles zu wissen, aber was ihr jetzt zu lernen im Begriff seid, ist sehr wichtig, für die Zeiten, die kommen.

Es gibt nichts am Image,
was euch je glücklich machen wird, Leute.
Es gibt nichts in der Vergangenheit,
das der Erinnerung wert ist.
Es gibt nichts in der Zukunft,
das des Darauf-Hoffens wert ist.
Es gibt ausschließlich *diesen* Augenblick.
Und Gott. Und Verwirklichung.
Denn das ist ewigwährend.

Kapitel 8

Bewußtsein und Energie erschaffen die Beschaffenheit von Wirklichkeit.

Ich habe nicht gesagt, daß die Welt ein Ende nehmen wird. Ich habe gesagt, die Welt ist im Begriff zu sterben. Aber sie hat Hilfe. Sie hat große Hilfe.

Eure Welt muß sich verändern.

Wir sprachen vom Image und von dem Puzzle in eurem Kreis von Wirklichkeit, und darüber, wie es hinausgeblasen werden muß. Nun, bei der Welt handelt es sich um ganz das gleiche. Sie ist die Lebenskraft, und sie muß sich ebenfalls verändern.

Diese grandiosen Brüder, diese Alten Lehrer sind hier, um aktiv teilzunehmen. Und ihr werdet aktiv teilnehmen. Ihr müßt, andernfalls werdet ihr ins Gestern verblassen.

Aber ich sagte nicht, daß ihr nicht aktiv teilnehmen würdet oder nicht ins Gestern verblassen würdet. Und ich sagte nicht, daß die Welt zu Schutt und Asche verbrennen würde. Sie könnte es allerdings, sehr leicht sogar; eure Atmosphäre ist sehr schwankend. Die Leute, die den Tod in Händen halten - die Leute, welche die Verteilung von Materie in Händen halten - sind sehr schwankend. Die Dinge sind sehr schwankend.

Aber durch Bewußtseinsveränderung, im Superbewußtsein nämlich, kann ein neuer Himmel und eine neue Erde hervorgebracht werden.

Die Bezugnahme auf "Himmel" bedeutet hier das Firmament, die Sternnebel, und "neue Erde" bedeutet eine veränderte Person, also die Mutter <Erde>, die verändert ist.

Laßt mich das näher erklären, denn ich weiß, wie ihr die Dinge wörtlich und aus dem Zusammenhang nehmt. Die Welt wird nicht ein Ende nehmen. Die Zivilisationen werden ein Ende nehmen! Sie sind bereits im Begriff dahinzurotten. Die Welt hingegen wird sich verändern müssen.

Was ihr im Begriff seid über den interdimensionalen Geist zu lernen, ist sehr wichtig, denn um Teil des Superbewußtseins und der neuen Welt zu sein, müßt ihr einen interdimensionalen Geist haben. Ihr seid dabei zu lernen, im Bewußtsein einen interdimensionalen Geist zu haben. Und so, wie euer Bewußtsein wächst und ihr das Verständnis über das Objektivsein erlangt, wird sogar noch mehr Wissen zu euch hingeströmt werden.

Viele von euch sind in meinem Bewußtsein, nicht alle, aber viele. Und ihr werdet mit Erleuchtung gespeist werden. Ihr seid dabei, euch dessen würdig zu machen. Und das wiederum magnetisiert zu euch die Erfahrung jener Erleuchtung. <Ramtha erklärt in dem Buch *RAMTHA*, daß Erleuchtung schlichtweg bedeutet, "im Lichte von etwas zu sein, Wissen von etwas zu haben, Wissen für sich verfügbar zu haben">

Viele von euch sind Samenkörner <Keime>, die heranwachsen müssen. Ihr seid Teil eines großen Planes. Und ich weiß, es ist sehr leicht, wieder in das Image hineinzutanzen, wo ihr doch das Gefühl habt, so klein und unbedeutend zu sein, um einen Unterschied darstellen zu können. Ich habe gesehen, wie ihr euch selbst eingeredet habt, euch schwach und überwältigt zu fühlen. Und ich habe gesehen, wie ihr mit dem Prozeß der Veränderung und mit dem Prozeß, euer Bewußtsein zu erweitern, angefangen habt, nur um es dann mit der Angst zu bekommen, weil in dem Moment, in dem sich die Dinge in eurem Leben verändern, jene Dinge anfangen wegzufallen, die euch bisher eine

Identität gegeben haben, und ihr euch dabei wiederfindet, euch hilflos zu fühlen. Ihr gelangt zu einem Punkt, an dem ihr nicht mehr wißt, wie ihr euch selbst noch länger beschreiben sollt. Ihr wißt es vielleicht nicht, aber das ist ein wundervolles Zeichen eurer Erleuchtung.

Ich verstehe, daß ihr, wenn ihr mit dem Verfahren von "Bewußtsein und Energie" anfangt, denkt das Unbekannte werde noch dazu von nichts getragen <unterstützt>. Ihr müßt folgendes verstehen. Das ist eine fälschliche Vorstellung. Das Unbekannte ist da, um im Bewußtsein konsumiert <voll ausgelebt> zu werden. Es trägt euch, denn es ist das, was das Leben zum IST macht. Ihr müßt das Unbekannte konsumieren, um durch es erweitert zu werden. Ihr werdet immer von eurem Gott getragen.

Und ja, ich weiß ihr haltet nach Zeichen <in der Leere> Ausschau. Aber wißt ihr nicht, daß Zeichen lediglich der Vergangenheit ähneln? Denn damit das Zeichen euch bestärken könnte, müßte es ein Sinnbild aus der Vergangenheit sein. Die Leere <void: dtsch. auch: leerer "Raum">, in und an sich, ist das Zeichen. Das ist der unerwachte Geist, der im Begriff ist zu erwachen. Das ist es, was es braucht, und das ist eine alleinige Reise.

Ihr schaut diesem Vorgang zu <dem Channeln>, dessen ich mich bediene, um mich mit euch zu verständigen. Ihr hört eine Stimme und ihr seht einen Körper, und es hilft euch, das zu identifizieren, was gesagt wird. Aber hinter diesen Augen ist etwas, das euch liebt. Und es ist sehr mächtig. Und es ist bei euch, den ganzen Weg in diese Leere hinein. Denn ich bin dort gewesen und bin wieder zurück. Ich weiß, wohin ihr im Begriff seid zu gehen. Ich weiß, was dazu notwendig ist.

Und eines Tages, wenn dieser Teppich vervollständigt ist, werdet ihr fähig sein, das Gesamtbild und die beachtliche Rolle zu sehen, die ihr darin gespielt habt. Denn ihr werdet am Leben sein, um es anzusehen!

Als ich sagte, daß interdimensionales Verständnis einen objektiven Geist erfordert, müßt ihr verstehen, daß wir dabei sind, in einer sehr geringen Zeitspanne daran zu arbeiten, einen objektiven Geist zu haben. Es gibt Wesenheiten, die ihr ganzes Leben über studieren, nur um zu versuchen, das Image <begrenztes Denken, Ängste, Urteilshaltung usw.> loszuwerden. Es gibt Wesenheiten, die ihr ganzes Leben damit zubringen, das Atmen zu lernen, zu lernen objektiv zu sein. Wir sind dabei, das zu übergehen und uns zu bemühen, Objektivität in einer so geringen Zeitspanne wie möglich zu bewerkstelligen. Wir mußten in eurem Leben eine Verabredung miteinander treffen. Und irgendwo in jenem kleinen Rand eurer Wirklichkeit arbeiten wird daran, eine totale Programmierung, ein totales Opferspielen, eine totale Subjektivität des Geistes umzuwandeln, um einen objektiven Standpunkt zu erschaffen. Denn einzig und allein auf diese Weise werdet ihr fähig sein, Bewußtsein zu erweitern. Wenn ihr "Bewußtsein und Energie" übt, bewegt ihr euch objektiv. Ihr bewegt euch im Bewußtsein. Ihr seid dabei, das Image "hinauszublasen". Dies ist die einzige Sache in dem menschlichen Drama, die funktioniert, um euch dorthin zu bringen.

Ich weiß, es gibt da eine gewisse Versuchung, wieder in die Subjektivität zurückzuschwingen. Sie ist ein Standpunkt. Es gibt eine wahre Versuchung, sozusagen aus der Wüste wieder dahin zurückzugehen, von wo ihr gekommen seid, weil dies euch im Denken so vertraut ist und jenes so außerirdisch <fremdartig> zu sein scheint. Aber wir behandeln hier das Zusammentreffen mit jemandem von außerirdischem <fremdartigem> Geist, folglich ihr müßt ihr einen außerirdischen <fremdartigen> Geist entwickeln. Nicht jeder wird fähig sein, das zustande zu bringen, und doch ist es die einfachste Sache überhaupt, es zustande zu bringen. Ihr müßt lediglich nur fähig sein, durch die Starrheit nicht nur eures Körpers, sondern auch durch die eurer Gedankenprozesse hindurchzubrechen. Ihr seid im Begriff, einen Unterschied darzustellen. Und ihr habt die ersten Schritte zur Kommunikation getan, dadurch daß ihr den ersten Schritt in euch selbst getan habt.

Es gibt nichts am Image, was euch je glücklich machen wird, Leute. Niemals. Es gibt nichts in der Vergangenheit, das der Erinnerung wert ist. Es gibt nichts in der Zukunft, das des Darauf-Hoffens wert ist. Es gibt ausschließlich *diesen* Augenblick. Und Gott. Und Verwirklichung. Denn das ist ewigwährend.

Ihr könnt all die hervorragenden Lehren haben, die ihr nur wollt. Ihr könnt sogar auf die früheren Tonbandaufzeichnungen zurückgreifen und mich sprechen hören, zu einer Zeit, als ich mich noch nicht so klar verständigen konnte, weil ich eure neuen Worte nicht kannte. Es klang alles sehr mystisch für euch, aber wenn ihr all jenes auf den Kernpunkt der Aussage bringt, sage ich euch auch heute noch dasselbe.

Ihr könnt es! Ihr müßt es lediglich können *wollen*. Und alles an Heckmeck und an versponnenem Mumpitz türmt lediglich Schichten auf euer Image, gegen die ihr eines Tages wieder angehen werden und wieder hindurchbrechen müßt.

Ganz einfach nur euer Bewußtsein zu erweitern, bringt euch nicht nur in Anschluß mit dem Königreich des Himmels in euch, sondern bringt euch ebenfalls in Anschluß mit dem Gott in euch, mit euch selbst. Und das ist das Schutzschild eurer Bestimmung und das ergreift von euch Besitz, dadurch daß es eurem Geist erlaubt, sich im Fleisch in Bewegung zu setzen, und dadurch daß es die Seiten in eurem Buch des Lebens umblättert. Und euer Gott in euch wird nicht loslassen, bis eure Bestimmung vervollständigt ist, und ihr werdet niemals nach irgendeiner weiteren Sache verlangen müssen, denn jener Gott wird es geschehen machen. Er weiß genau, was ihr braucht. Ihr müßt nicht einmal danach fragen. Wenn ihr danach fragt, trennt ihr euch davon. Ihr müßt es einfach nur *sein*. Das ist alles.

Die Kernaussage ist, daß ihr es könnt. In nur einem Augenblick könnt ihr einen Geist haben, der sich an den Universal-Geist anschließt. Alles andere sind nichts als Schichten von Müll. Spirituelle Verschmutzung. Wiederverwertetes Unwissen.

Ihr werdet niemals wieder dieselben sein, nachdem ihr dieses Buch gelesen habt. Ihr werdet die Informationen haben, um euer Selbst und eure Göttlichkeit in einen machtvolleren Stand zu erheben. Ihr werdet die Informationen haben, um die Freude zu finden, und um die Stärke zu finden, damit ihr die Wirklichkeit manifestieren könnt, die so sehr gebraucht wird. Und ihr werdet die innere Anmut haben, um euch durch alles hindurchzubringen. Es braucht dazu nur einen kleinen Faden. Gott.

Einige wenige Leute haben meine Lehre verlassen. Sie war nicht das, was sie wollten. Das ist es, wie es sein sollte. Tut niemals irgendetwas, was ihr nicht tun wollt. Betrügt euch nicht selbst, denn das ist es, woraus sich ein Image zusammensetzt, und das Image ist das Ding, welches am schwersten loszuwerden ist. Das ist der Grund, weshalb ein Meister alles an seinem Leben meistert für den Augenblick, in dem er zum Christus geworden ist. Doch wenn ihr etwas tun *wollt,* tut es. Und ihr solltet Berge versetzen, um es zu tun! Denn jenes *Wollen* ist eine unerläßliche Notwendigkeit dafür, daß sich das Selbst weiterentwikkelt.

Die Welt ist Materie. Materie wartet darauf, transformiert, transfiguriert zu werden zu einer größeren Energie. Der menschliche Körper ist ebenfalls Materie, die darauf wartet zu weisen Männern und weisen Frauen transformiert <umwandeln, umformen> zu werden. Jenes Verfahren der Transfiguration <Umgestaltung, Umwandlung> ist die Alchemie von Materie. Wenn diese Transfiguration geschieht, setzt sie eine göttliche Energie frei. Und genauso wie Materie umgewandelt wird, sobald die Geheimnisse seiner Energie freigesetzt werden, genauso wird es der Körper. Der menschliche Körper ist Materie, die darauf wartet, transformiert und transfiguriert zu werden, um ihre Energie freizusetzen. Diese Energie des weisen Mannes und der weisen Frau ist es, welche die Super-Wesen, die Herren des Kosmos anzieht. Diese Energie ist es, die Super-Leben anzieht. Wir sprechen hier von einer Transfiguration. Wenn man Materie zerstreut, hat man eine neue Lebensform.

Ein Alchemist wird in tiefster Armut leben und dieselbe Methode immer und immer wieder anwenden, an jedem einzelnen Tag, um Materie aufzulösen <auch: niederbringen, niederreißen - im Sinne von: in immer größere Energieformen herausläutern>. Es würde sieben Jahre benötigen, in denen er jeden einzelnen Tag daran arbeitet, um diese Veränderung hervorzubringen. Er wird ohne Essen, Kleidung, oder Wärme auskommen, nur um dieselbe Materie jeden Tag zu entzünden und um auf eine Veränderung zu warten. Und er wartet darauf. Warum sollte solch eine Person darauf warten, die Umwandlung von Materie in seiner Tasse zu sehen? Weil der Alchemist, wenn er die Sterne in schwarzer Flüssigkeit kreisen sehen und beobachten kann, dann nämlich Materie umgeformt hat; er hat sie umgewandelt, und er weiß, das bedeutet zugleich, daß genau dieser Prozeß eine Transformation *seiner selbst* war. Er ist gewillt, auf jenen Augenblick zu warten, denn in jenem Augenblick der zeremoniellen Umwandlung von Materie wird er selbst transfiguriert, transmutiert, freigesetzt sein. Er selbst wird aus der Materie freigesetzt sein, im Bewußtsein, deshalb kann er die Gesamtheit der Welt anschauen und deren Illusionen sehen, und frei sein, für immer und immer und immer. Das ist sein Weg. Das ist derselbe Weg, den ein Meister geht. Transfiguration.

Die Welt ist Materie, die darauf wartet, in eine größere Energiequelle umgewandelt zu werden. Das menschliche Wesen ist Materie, die darauf wartet, in weise Männer und Frauen umgewandelt zu werden, die das Superbewußtsein zu sich heranziehen.

Die Transfiguration des Selbst, darin besteht die Arbeit eines Alchemisten, und die Arbeit eines Alchemisten besteht im Geist. Und der Geist wird im Bewußtsein arbeiten und arbeiten und arbeiten, damit er erleuchtet werden kann, um seine Energie freizusetzen. Erinnert euch, ich sagte: "Geht über eure Starrheit hinaus. Ihr seid größer als eure Körper. Ihr seid ewig und immer und immer und immer." Das ist ein Aufschrei an euren Geist, eure Energie freizusetzen. Es ist ein Kommando an euren Geist, an den Alchemisten, sich zu transformieren, damit ihr befreit seid. Warum sich überhaupt mit all dem abgeben? Weil es die nächste Stufe in einer Evolution mit zusammengebrochener Zeitspirale ist. Ihr seid im Begriff, euch rapide über die Seiten vier, fünf, und sechs im Buch des Lebens hinwegzubewegen und befindet euch dann direkt auf der Seite sieben. Das ist es, was ihr im Begriff seid zu tun.

Wenn ihr euch transfiguriert, zieht ihr die Oberherren des Kosmos zu euch heran. Wenn ihr euch transfiguriert, setzt ihr die Energie frei, die süß wie Honig ist, ein Elixier für Superwesen. Wenn ihr transformiert, setzt ihr die Energie frei, die im wesentlichen ein Magnetismus ist. An dem einen Ende entläßt der Magnet diese Wirklichkeit und alles, was nicht länger fortschreitend ist. An dem anderen Ende zieht ihr zu euch, magnetisiert ihr zu euch, das große Unbekannte.

Die einzige Art und Weise, wie ihr Materie auflöst, besteht darin, sie zu transformieren, und eine Wesenheit, die das tut, ist nicht ein Hexenmeister, sondern ein Alchemist. Der Alchemist in euch ist euer Geist, und er löst das Physische auf, um dessen Energie zu transformieren.

In der Schule treibe ich die Leute bei der Technik von "Bewußsein und Energie" dabei an weiterzuarbeiten, selbst dann noch, wenn der Körper nicht mehr mitziehen will und kein Atem mehr in ihm übrig ist. Ich tue das deshalb, weil es in dem Augenblick, in dem das Physische aufgelöst <niedergerissen> ist, geschieht, daß der Geist sich zum Einsatz bringt. Das ist der Moment, in dem ihr transfiguriert. Dies ist der Moment, daß ihr Energie aus einem unbekannten Bewußsein, das am Explodieren ist, freisetzt. Diese Energie ist es, die alles, was im Unbekannten ist, zu euch heranmagnetisiert, und diese Energie ist es, die die Superwesen zu euch heranzieht. Diese Energie ist es, die Genie heranzieht. Diese Energie ist es, die all das heranzieht, was ihr ansonsten niemals in einem einzigen Leben hättet erfassen können.

Warum also erhebt sich der Alchemist jeden Tag von seinem schlichten Lager und nimmt seinen spärlichen Tee und sein Brot zu sich, und beginnt mit seiner Materie zu arbeiten? Weil er weiß - und ihr solltet es wissen -, daß in dem Maße, wie Materie transformiert werden kann und dessen Energie freigesetzt werden kann, in dem Maße auch ihr selbst es seid.

Erinnert euch, ihr seid eins mit der Lebenskraft. Was relativ ist, ist relativ zu allem. Und der Alchemist wartet auf den Moment seiner Freisetzung. Das ist der Moment seines eigenen Christus.

Was macht ihr also, um heranzumagnetisieren? Ihr müßt einen bewußten Versuch unternehmen, euren Alchemisten hervorzurufen, der euer spiritueller Gott ist, um euer Selbst zu transfigurieren. Ihr müßt die Starrheit der Masse auflösen, und die Starrheit der Masse wird einzig und allein von eurem Bewußtsein zusammengehalten.

Ihr seid diejenigen, die bestimmen, ob ihr blind oder taub seid. Ihr seid diejenigen, die bestimmen, was euer Körper ist; er gehorcht lediglich den Befehlen. Ihr aber seid dabei die Befehle niederzureißen. Bei dem Verfahren von "Bewußtsein und Energie" reißt ihr das Physische nieder. Ihr ermüdet es solange, bis ihr den Punkt erreicht, wo es unmöglich wieder hochkommen kann, um den Geist hervorzurufen, und das ist dann der Moment, daß der Alchemist, euer Geist, hereinkommt. Es ist dies der Moment, daß es zu einer Verjüngung, einem Emporheben kommt. Dies ist der Moment, daß ihr Hitze in Kälte verwandelt. Dies ist der Moment, in dem der Körper geheilt wird, weil ein neues Bewußtsein in ihn hereinkommt; er wird transfiguriert.

Wenn ihr "Bewußtsein und Energie" macht, ruft ihr den Alchemisten, den Gott wach. Wenn ihr "Bewußtsein und Energie" macht, ruft ihr Macht, Bewußtsein, hervor, um Materie umzuwandeln, um das Physische aufzulösen, damit es verändert werden kann. Und bei dem Verfahren reißt ihr das Image nieder, so daß das Bersten vom Licht des Bewußtseins vortreten kann, das seiner Energie erlaubt, durch ein neues Gefäß hindurchzukommen, welches <folgendes> zu sich heranmagnetisiert: Gott.

Ihr könnt dasitzen und den ganzen Tag lang tiefes Atmen üben. Nun eigentlich könnt ihr das für den Rest eures Lebens tun, und das einzige, was ihr damit erschaffen werdet, sind tiefatmende Lungen. Ihr könnt dasitzen und einfach dem nacheifern, was dieses Verfahren eurer Meinung nach ist, und es wird euch ohne das <entsprechende> Wissen dennoch nichts bringen. Denn ohne das Wissen wird bei der Durchführung dieses Verfahrens lediglich das Image verherrlicht, weil das ganze einfach nur zu einem weiteren Dogma wird. Ihr könnt eure Kristalle tragen, eure Kreuze, und eure Zirkone. Ihr könnt eure heiligen Bücher und eure unheiligen Bücher lesen. Ihr könnt eure Mantras aufsagen - die zu einem Hypnotiseur wurden und die Seele lähmten - und es wäre wirkungslos. Wie entwickelt ihr euch weiter ohne die Reibung des

Lebens? Wie entwickelt ihr euch weiter ohne das Auflösen von Materie und das Umwandeln von Energie? Ihr müßt es leben!

Jeden Augenblick, in dem ihr “Bewußtsein und Energie” zum Einsatz bringt, wandelt und zerreibt ihr Materie; ihr zerreibt die Begrenzung von Bewußtsein. Und es ist “feuerentfachend”. Jene Hitze, die dabei von eurem Körper ausgeht, transmutiert eure Zellen. Es ist der Atem des Lebens. Es ist eine unbekannte Macht, die aus euch herauswogt. Es bedeutet Heilung. Jedesmal, wenn ihr bei “Bewußtsein und Energie” atmet, pumpt das die Zellen voll mit Leben. Eure Haut wird jünger werden; euer Erscheinungsbild wird gesünder werden. Da ist kein Platz für Krankheit, wenn der Atem des Lebens gepumpt wird, um das Fleisch “aufzulösen”, damit es verändert wird. Das ist ein Nach-Effekt.

Und die Freude kommt, wenn der Alchemist - nach 63 Jahren des daran Arbeitens - weiß, daß er zu jenem abschließenden Morgen gelangt. Er wird noch einen weiteren Morgen aufstehen, und er entzündet den Brennofen und holt jene Tasse heraus. Und die Materie wird darin verfließen wie eine blaue Rhapsodie, und die Diamanten der Ewigkeit, die Sterne, funkeln darin. Und in diesem Moment, ist er verschwunden. Denn er gehört zur Ewigkeit. Er ist zu der Materie geworden, die er auf immer und ewig verändert hat.

Die Welt, als Materie, wartet darauf, verändert zu werden. Sie ist am Sterben. Sie muß verändert werden. Der Mensch wartet darauf, daß die menschliche Psyche zum Einsatz gebracht wird und bei diesem Einsatz transformiert wird. Der menschliche Körper wartet darauf, zu Licht zu werden. Er wartet auf eine Neugeburt.

Es ist jener Magnetismus, der euch die Ewigkeit schenkt. Es ist jener Atem, der der Atem des Lebens ist und euch die Ewigkeit schenkt. Ihr müßt transfiguriert werden, und ihr müßt euch ändern, um das zustande zu bringen. Und ihr müßt euch ändern *wollen*. Ihr müßt es wollen! Denn wenn ihr mit “Bewußtsein und Energie” arbeitet, erschafft ihr ein erweitertes Bewußtsein, und ihr könnt eine turbulente Hölle für euch selbst erschaffen, falls ihr irgendetwas erschafft und es sich manifestiert, ihr es aber, wenn ihr es erhaltet, in Wirklichkeit gar nicht wollt.

Dann müßt ihr euch mit dem befassen, was ihr erschuft. Denn das, was ihr erschafft, urteilt nicht. Es hält sich nicht zurück. Wenn ihr es hervorruft, ist es Gesetz, und es muß hervorkommen. Alles in eurem Bewußtsein auf gründliche Weise Erschaffene wird heranmagnetisiert. Es wird eure Wirklichkeit sein. Es geschieht auf der Stelle, sobald ihr es <mit "Bewußtsein und Energie"> zum Einsatz bringt.

Manifestation ist der Nach-Effekt von Materialisation im Bewußtsein.

Seid ihr bereit, jene Türen zum Einsatz zu bringen? Seid ihr bereit zu beobachten, wie Dinge aus eurer Wirklichkeit hinausfließen, weil sie nicht mehr länger hineinpassen? Wenn Dinge wegfließen, weil sie in eurer Wirklichkeit nicht mehr gelten, werdet ihr euch dann umdrehen und nach ihnen greifen und sie wieder zurückbringen? Werdet ihr überrascht sein, daß ihr euch mit den Leuten nicht mehr <in Gesprächen> austauschen könnt? Werdet ihr überrascht sein, Freude in eurer Seele zu haben?

Wie, meint ihr, erlangt man einen interdimensionalen Geist? Ihr müßt euch transfigurieren, um ihn zu erlangen. Ihr müßt transmutiert werden, um ein interdimensionaler Geist zu sein. Und wenn das zu geschehen beginnt, werdet ihr es fühlen. Und das ist es dann, daß ihr beginnt, euch über dem Boden zu erheben. Und das ist es dann, daß ihr größer seid als euer Körper.

Das ist der wahre Meister, der im Begriff ist aufzuwachen. Es ist nicht der Meister von Philosophie. Es ist ein Alchemist, der Veränderung erschafft.

Dieses Freisetzen von Energie ist es, was die Superwesen zu euch heranziehen wird. Ihr seht, Zeit und Dimensionen und Schranken sind bedeutungslos.

Was ihr magnetisiert ist relativ zu dem, was ist. Und wenn ihr Energie freisetzt, zieht es jene <Superwesen> magnetisch zu euch heran, weil ihr ausersehen seid, zusammen zu sein. Jener Magnetismus ist relativ, und er kümmert sich nicht um lineare Zeit, Entfernung, Raum oder

Dimensionen. Ich erschuf “Bewußtsein und Energie” in meinem Leben <vor 35.000 Jahren>. Niemand hat je zuvor davon gewußt. Man machte später die Lotusposition daraus, bei der die Hände entspannt sind, um etwas zu empfangen. Dazu kam es aufgrund einer faulen Person, die beschloß, daß das Original zu schwer durchzuführen sei. Eine faule Person beschloß, mit entspannten Händen darauf zu warten, daß die Energie, bzw. die Kundalini, sich die Wirbelsäule entlang nach oben bewegt. Was, meint ihr, ist die Kundalini? Sie ist Energie, die in den Lenden zusammengerollt ist. (Es handelt sich also um dieselbe Wahrheit; es ist nur so, daß es heutzutage ein Dogma, ein Mythos ist.) Und die einzige Möglichkeit, daß sie sich nach oben bewegt, besteht darin, daß ihr euren Geist wachruft, um sie hervorzurufen. Das Selbst, der Alchemist, bewerkstelligt das. Aber keine geistige Meditation wird dazu führen, daß es geschieht. Es gibt nichts “da draußen”, das es geschehen lassen wird. Kein Licht, kein Kristall, kein für passend gehaltenes Essen, keine für passend gehaltene Kleidung, kein Wetter. Das Verfahren von “Bewußtsein und Energie” ist es, das es geschehen läßt. Gott ruft es hervor.

Dies ist es, wie ich in die Dimensionen auffuhr. Ich weiß über Transfiguration Bescheid. Sie ist ein Nach-Effekt des verwirklichten Selbst. Dies ist es, was ich euch jetzt lehre. Niemand sonst auf dieser Ebene kennt diese Technik. Andere imitieren, aber sie besitzen sie nicht <als Weisheit>. Denn sie verstehen nicht das Wort Transmutation. Sie verstehen nicht das Wort Transfiguration, weil sie nach wie vor getrennt sind. Sie verstehen nicht den nebulösen Gott. Sie verstehen nur Dogma.

Das Verfahren genannt “Bewußtsein und Energie” ist eine Wissenschaft. Es ist eines der Geheimnisse. Wenn ihr es anwendet, erlangt ihr Wissen und euer Bewußtsein explodiert. Ihr setzt Energie frei, und mit jedem Mal werdet ihr göttlicher und magischer, wenn ihr das Verfahren durchführt. Das Verfahren sollte wichtiger sein als eure Nahrung. Wenn dies die Weise ist, um Gott zu sein, und wenn ihr all die Dinge tun möchtet, zu denen die Meister aus Alter Zeit imstande waren, und wenn dies die Weise ist, es zu bewerkstelligen, dann solltet ihr dies noch vor eurer Nahrung wollen.

Dieses Verfahren heilt den Körper, indem es ihn niederbringt und ihn erneuert und ihn verändert. Es wird ihn niederbringen, um seine Struktur zu verändern. Es wird ihn heilen. Es wird den Körper jung erhalten. Er wird niemals altern und, noch bedeutender, er wird niemals sterben, außer ihr gebt ihm die Erlaubnis dazu.

Es pumpt euch voll mit Energie, die euch leichter als Luft werden läßt. Ihr levitiert, falls ihr den Wunsch habt, das zu tun. Das ist die Art und Weise, wie es die Mönche machen. Ihr seid imstande, Dinge zu erhitzen oder sie kalt werden zu lassen. Temperaturveränderungen in eurem Körper werden alsbald zu einem äußeren Phänomen werden; auch um euch herum wird die Temperatur anfangen sich zu ändern. Das ist die Art und Weise, wie die Technik wirksam ist. Und ihr braucht einfach nur mit eurer Hand zu winken und Dinge werden geschehen. Doch der *Lohn* ist, daß ihr transfiguriert seid, daß ihr verwirklichter Christus/Gott/Mann/Frau seid, daß ihr alles seid, was ihr ihr sein könnt. Dies ist ein ewiges Wesen.

"Bewußtsein und Energie" brennt das Image weg, und das Wegbrennen des Image schafft die Wirklichkeit des Image ab. Die Leute werden euch nicht mehr verstehen. Viele Leute werden nicht mehr fähig sein, sich in Gesprächen mit euch auszutauschen. Einige Leute werden euch verlassen. Und einige Leute um euch herum werden unglücklich sein. Denn ihr werdet Veränderungen durchführen. Und seid nicht überrascht, wenn Veränderungen stattzufinden beginnen. Wenn sie stattfinden, fangt nicht an, euch wie ein Opfer zu verhalten. Ihr habt diese Veränderungen hervorgerufen; seid bereit, sie zum Einsatz zu bringen.

Sie sind der nächste Schritt. Sie sind jener Morgen, an dem Materie zerrieben und entzündet wird. Versteht ihr? Und seid nicht überrascht, wenn elektrische Dinge bei euch plötzlich versagen. Es ist einfach so. Und seid nicht überrascht, wenn ihr durchsichtig werdet; es geschieht einfach. Es ist Bestandteil jenes Verfahrens.

Es ist kein Phänomen; es ist Wahrheit. Ihr, seiend, was ihr seid, seid der Lohn; alle anderen Dinge sind die Nach-Effekte davon. Aber ihr müßt transformiert werden, andernfalls bleibt ihr im eingefahrenen Geleise verhaftet. Und lediglich eine weitere Schicht von Sirup wird oben auf dieses euer Image dazukommen, völlig eingeschmiert mit "erleuchteter" Glasur und klebrigen Meditationen über Liebe und den Garten-Pfad. Und, um es gut aussehen zu lassen, werdet ihr einige Kristalle dranhängen und einige Bilder von eurem Guru. Ihr könnt einige Bilder von Jesus am Kreuz dazutun. (Wißt ihr, ihr solltet ihn jetzt wenigstens vom Kreuz herunternehmen!)

Wenn ihr damit weitermacht, euer Image mit mehr und mehr Sachen aufzutürmen, werdet ihr niemals Gott kennen, und ihr werdet niemals eine außergewöhnliche Erfahrung machen. Ihr werdet damit fortfahren zu altern, ganz gleich ob ihr Vegetarier seid und nichts anderes als Obst und Vogelfutter eßt. Ihr werdet dennoch altern. (Es hängt nicht von dem ab, was *ihr eßt*. Es hängt von dem ab, was *ihr seid.)* Und ihr werdet nach wie vor unglücklich sein, ganz gleich wie viele Mantras ihr sagt. Und ihr werdet nach wie vor eine Art Blutegel sein, weil ihr nicht länger fähig sein werdet, euch euren eigenen Weg in der Welt zu bahnen. Und ihr werdet nicht der Hilfe würdig sein, weil ihr euch selber keine Mühe geben werdet. Ihr werdet so eben mal spirituell sein und göttlich und all die Sachen. Und ihr werdet sterben. Und ihr werdet niemals Größe zu euch heranmagnetisiert haben, und ihr werdet niemals als Legende bekannt werden.

Nicht jeder ist bereit, die Wahrheit zu lernen, und diejenigen, die dieses <Verfahren> lernen, können diesen Weg nur mittels reinen Geistes beschreiten. Man kann diese Macht nicht mittels des Image erlangen. Man muß das Image dazu niederreißen, deshalb ist diese Information geschützt. Sogar wenn ihr dachtet, ihr würdet dies lernen, um zu zerstören, könntet ihr niemals zerstören, weil ihr niemals die Macht haben werdet. Ihr müßt neugeboren werden, und dieses Neugeboren-Werden beseitigt gleichzeitig jenes kleine genetische Chromosom, jenes seelentiefe Bedürfnis nach dem Zerstören.

Wenn ihr also dieses Verfahren lernt, und es irgendwann macht und dabei denkt, daß ihr damit überhaupt nichts erreicht, dann erreicht ihr auch nichts. Ihr macht es dann lediglich für euer Image, und nicht, um wirklich eine Veränderung zu bewirken, folglich werdet ihr euch nicht verändern.

Magnetismus. Magnetisieren. Sich in Gleichstellung bringen. Relativ sein. Alles ist relativ. Wenn ihr Großes wollt, müßt ihr zu Großem werden.

Könnt ihr jemals zurück zum Gestern gehen? Nein. Denn ein Gestern gibt es nicht. Und ihr wißt das, und ich weiß das. Was ihr tun könnt, ist lediglich die Abbilder des Gestern für das Heute zu erschaffen. Amerika ist auf der Asche Roms errichtet. Geschichte ist heute. Ihr könnt mit diesem Verfahren des Wachstums aufhören und dennoch eine gewahre Person sein, bis zu einem gewissen Grad. Aber da wird immer diese Sehnsucht und ein Hunger vorhanden sein, und die Jahre werden wie ein Strom dahinfließen, während ihr die Worte hört: "Nehmt Gott in euch wahr." Dieser Ausspruch wird etwas bei euch berühren für immer und immer und immer. Und wenn jemand sagt: "Ihr seid groß", wird es etwas bei euch berühren. Und ihr werdet mit dem Wissen leben müssen, daß ihr es gewählt habt, nicht weiterzugehen, um alles zu sein, was ihr sein könntet. Ihr werdet wissen, daß da in diesem Leben etwas fehlt.

Wie groß kann euer Alchemist sein? Um das Wort "groß" zu definieren, müßtet ihr sagen, daß es "höchstes" bedeutet. Wenn es "höchstes" bedeutet, dann ist ihm nichts gleichrangig, folglich *ist* es einfach nur. Ihr *seid* einfach nur, wißt ihr! Wie weit ihr dabei gehen wollt, hängt ganz allein von euch ab, selbstverständlich. Es ist immer zu euren Bedingungen.

Bedeutet das, ihr müßt Dinge aufgeben, die ihr nicht aufgeben möchtet? Nein. Tut das nie. Es sollte eine natürliche Evolution vorhanden sein beim Entlassen von Dingen, die in eurer Wirklichkeit sind. Aber gebt niemals etwas auf, das ihr liebt und behalten möchtet, denn es bedeutet, daß ihr nicht bereit seid, und wenn ihr es trotzdem tut, werdet ihr es nur beklagen, und euch hassen, und mich verachten, und all diese Informationen in den Mülleimer werfen. Tut das nicht. Setzt sie eurem eigenen Rhythmus entsprechend um. Euer Gott, als der Alchemist, wird euch auf natürliche Weise weiterentwickeln, und zwar in die Richtung, die für euch einzuschlagen notwendig ist, und was von euch wegfallen muß, wird wegfallen. Und ihr werdet nicht anfangen müssen, die Dinge geschehen zu *machen*, die Dinge werden einfach geschehen. Ihr müßt sie nicht geschehen machen, wenn ihr "Bewußtsein und Energie" anwendet; in dem Verfahren selbst macht ihr sie bereits geschehen. Ihr müßt Wahlen treffen; das ist die Rolle, die ihr ausübt, und jene Wahlen sind eure Türen, durch die ihr treten müßt.

Ihr werdet Wahlen zu treffen haben, nach dem Beginnen mit dieser Arbeit. Erinnert euch, die Menschen in eurem Leben besitzen euch nicht. Sie besitzen euch nicht. Sie sind nicht der Herr eures Seins, und sie sind nicht die Befehlshaber über eure Bestimmung, und sie werden nicht für euch sterben. Ihr seid auf euch alleingestellt bei diesen Entscheidungen. Je mehr ihr jedoch vorwärtsschreitet, umso größer wird die Liebe sein, die zu euch kommt, um euch Verständnis zu geben. Man nennt es innere Anmut <auch: Gnade>.

Und wenn Menschen aus eurem Reich hinausgehen, gestattet es ihnen. Mittels innerer Anmut werdet ihr die Stärke haben, sie auf bedingungslose Art zu lieben. Laßt sie ziehen. Und wenn es ihnen nicht gefällt, was ihr macht, habt die Anmut zu verstehen, daß sie nicht verstehen, was ihr macht. Sie verloren lediglich einen Spiegel für sich selbst; das ist es, was sie verloren. Denn wißt ihr, die Menschen in eurem Leben sehen niemals wirklich *euch*. Sie sehen einzig und allein sich selbst in euch. Ihr seid aus ihrer Wirklichkeit herausgeglitten, und sie möchten euch zurückhaben, damit sie sich euch mitteilen können. Wenn ihr zurückgeht, werdet ihr zurück ins Image geraten, denn das Image ist der Spiegel für ihre Wirklichkeit. Und ihr müßt bezüglich dieses Punktes Wahlen treffen, denn ihr müßt vor allem euch selbst gegenüber wahrhaftig sein.

Ungeachtet alles anderen und aller anderen bedeutet Transfiguration die Wahrhaftigkeit zum Selbst. Und ihr müßt das würdigen, ganz gleich ob das sonst noch jemand würdigt oder nicht. Ihr müßt es.

"In meines Vaters Haus gibt es viele Wohnungen, und ich bin gegangen, euch eine zu bereiten." Darin liegt Wahrheit. Im Bewußtsein, und jenseits dieser Sterne, gibt es viele Wohnungen und viele Abenteuer. Es gibt dort viele Dinge, die ihr nicht im Ansatz erfassen könntet. Es gibt dort Leben mannigfaltigster Formen, die ihr erleben müßtet, um sie zu kennen. Und "Wohnungen von Freude" bedeutet Wohnungen des Bewußtseins. Ihr laßt all das Leiden und all den Schmerz hinter euch. Es ist wahr, daß es im Himmel keinen Schmerz gibt. Und kein Leiden. Und kein Verletzen. Und keine Krankheit. Denn der Himmel ist das Bewußtein, zu dem ihr fließt, wenn ihr transformiert seid und all die Illusionen hinter euch laßt. Und rollt es sich - als abgeschlossener Bestandteil von Evolution - in den letzten Tagen gleichsam spiralförmig ein, dann laßt ihr keine Spuren zurück.

Ihr bewegt euch also nicht auf etwas zu, das so nebulös ist, daß der Risikofaktor so groß wäre, um euch dazu zu veranlassen, wieder zu dem Schmerz der Vergangenheit zurückzurennen. Ihr seid im Begriff, in ein Unbekanntes zu gehen, zu einem Bewußtsein nämlich, wo Abenteuer jenseits des Fleisches warten, und das ist der Lohn für eine transfigurierte Person.

Um das zusammenzufassen: Wonach ihr eure ganzen Leben über gesucht habt und was einige mittelmäßigen Lehrer versucht haben zu lehren, ist die Wiederauferstehung des Geistes. "Wiederauferstehung des Geistes" bedeutet, daß ihr das Image wegbrennen müßt und eine neue Wirklichkeit erschaffen müßt. Ihr erschafft ein neues Königreich. Das ist es, was es bedeutet. Und bei diesem Erschaffen reißt ihr das Image nieder, das Fleisch, damit es im Bewußtsein wiederauferstehen kann. Dies ist die Art und Weise, wie man es macht. Ihr müßt nicht an irgendeinem Kreuz sterben. Ihr müßt transformiert werden. Ihr habt bereits 10 Millionen Tode hinter euch. Ihr müßt transformiert werden.

Und an jedem Tag, *seid* der Meister. Bevor ihr eßt, bringt das Bewußtsein zum Einsatz, das Energie und Macht freisetzt. Und es wird ein Morgen kommen, an dem ihr in eure Tasse schaut, und ein Strom von blauer Rhapsodie wird darin fließen, mit Sternen, die glänzend funkeln und sagen: "Komm nach Hause."

Es warten eine Menge Abenteuer auf euch. Es gibt viele Dinge, die ihr zu euch heranmagnetisiert; ihr verdient sie, denn ihr erschuft sie. Ihr werdet vieles erschaffen müssen, völlig selbständig. Ihr werdet niemals in meiner Armee marschieren, ohne nicht auch gleichzeitig mir Gleichgestellte zu sein. Ich kann euch anspornen, euch antreiben, aber ich weiß, daß ihr mir Gleichgestellte seid. Und eines Tages werdet ihr das auch wissen. Und ihr müßt vertrauen, denn ich komme von da, wo ihr hinzugehen im Begriff seid. Ich weiß, wie der Pfad <Weg> aussieht. Ich weiß, was es mit dem Ziel auf sich hat. Wenn ich also erbarmungslos zu sein scheine, richtet sich das an euch persönlich. Es geschieht für jenen glorreichen Moment, in dem die Transfiguration des menschlichen Körpers Gott ist, Gott als Selbst erwacht.

Und all jenes, was Ewigkeit über Ewigkeit genannt wird, wird in jenem Moment im Bewußtsein erschaffen, für euch.

Existieren Außerirdische? Ja, sie existieren. Und existieren Außerirdische hier in eurer Welt? Ja. Ich habe in Erfahrung gebracht, daß wenn ihr von einem Land in ein anderes geht, ihr als "Außerirdischer" bezeichnet werdet. <"alien" bedeutet im Amerikanischen sowohl "Außerirdischer" wie auch "Ausländer">

Existieren diese schönen Raumschiffe? Ja, sie existieren.

Sind sie in eure Geschichte verwickelt und mit ihr verflochten? In die Struktur und das Teppichgewebe von Zivilisation? Das sind sie, und zwar hinsichtlich deren wesentlichstem Kern.

Je nachdem, welche <der Außerirdischen> den Eingriff unternahmen, ist es jeweils um die Verherrlichung des Menschen, um Gott gegangen.

Zuallererst solltet ihr wissen, wer *ihr* seid. Ihr solltet das wissen, bevor ihr euch je mit der Absicht umzusehen beginnt, irgendjemand anderen entdecken zu wollen. Denn zuallererst einmal seid ihr aus einer Kosmologie gemacht, die der planetarischen Deutung spottet, weil sie selbst die Essenz planetarischer Deutung ist.

Sie wird Gott genannt. Sie ist Bewußtsein und Energie. Die Lebenskraft.

Eure Intelligenz und eure Befähigung für Intelligenz ist all dem ebenbürtig, was in irgendeinem Sternensystem, in irgendeiner Dimension liegt. Ihr habt die Schlüssel dazu, alles zu sein.

Zuerst euch selbst zu kennen, bevor ihr umherzieht und unter Steinen und Büschen und Brombeersträuchern nachschaut, ist sehr, sehr wichtig.

Jene Wesenheiten existieren. Ihre Grandiosität ist Legende. Was sie zu vollbringen imstande sind, ist ehrfurchtgebietend. Und was sie mit euch teilen können, ist - mit einem Wort beschrieben - herrlich.

Es gibt jedoch ein Gesetz, das mit jeder Wirklichkeit verflochten ist. Wirklichkeit ist immer bedingt <relativ> durch ihren jeweiligen Schöpfer. Was immer ihr im Bewußtsein seid, bringt ihr in eurem Leben zu euch in Gleichstellung. Was ihr im Bewußtsein seid, ist das, wodurch eure Wirklichkeit gebildet wird. Und dieses Gesetz gilt für alle gleichermaßen. Ganz gleich, wie sie aussehen. Ganz gleich, womit sie fliegen. Ganz gleich, wo sie leben.

Die Außerirdischen, die wir erörtert haben, verstehen dieses wahrscheinlich besser, als jeder hier auf dieser Ebene. Denn sie haben es gelernt, sich diese Gesetze zunutze zu machen und sie in technischer Hinsicht anzuwenden. Ihr seid im Begriff das Gesetz des Magnetismus zu lernen. Gleichstellung. Ihr werdet einzig und allein ein Erlebnis haben, das eurer eigenen Größe gleichgestellt ist. Ihr werdet ausschließlich eine solche Erfahrung machen, die jenem gleichgestellt ist, das im Verhältnis dazu steht, wer ihr seid.

Und wenn euer Bewußtsein Früchte trägt, dadurch daß ihr euch kontinuierlich eures Selbst bewußt werdet und euch erweitert, stellt ihr Gleiches zu euch in Einklang, ungeachtet von Dimension, ungeachtet von Zeit oder Wirklichkeit. Ihr zieht es einfach in Gleichstellung.

Das Leben einer großen Person ist übersät mit dem Unbekannten. Denn was sie als groß ausweist, ist ihr Bewußtsein, und das ist eine Folge ihres daran Arbeitens, ihrer Intelligenz und der Qualität des Lebens, das sie lebt.

Der Aus-dem-Rahmen-Fallende <=Exzentriker> ist weit höher entwickelt, als der Zivilisierte.

Ihr seid nicht verrückt, weil ihr euch auf ein Raumschiff aus Licht einlassen wollt. Ihr seid wagemutig! Ihr seid nicht neurotisch, weil ihr winzige Leute sehen wollt. Ihr seid kühn! Und ihr seid nicht geisteskrank, wenn ihr einen Ritt auf dem Licht macht. Ihr seid begünstigt.

Bewußtsein und Energie sind die Schlüssel, die jede Türe der Wirklichkeit aufschließt. Das Unbekannte ist das größte Abenteuer, das auf euch wartet, und jenes Unbekannte übertrifft wahrlich, wahrlich diese Raumschiffe und ihre Besitzer. Das Unbekannte ist genau das, wo diese Raumschiffe und ihre Besitzer sich hinbewegen. Das Unbekannte ist euch genauso nahe, wie ihnen. Es ist nur einen Moment der Verwirklichung <der Erkenntnis> entfernt.

Das Unbekannte ist - ich versichere euch - nicht langweilig. Es ist völlig in Ordnung, sich zu wünschen, ein Teil dieser Dinge zu sein und über sie Wissen zu erlangen. (Erinnert euch: Opfer ziehen immer Opfersein an, je nachdem wieviel Energie sie aufs Opfersein übertragen. Das ist es, was festlegt, wie groß jeweils ihr Tyrann ist!) Wenn ihr eine Erfahrung zum Einsatz bringen wollt, dann wird sie aufs genaueste dem gleichgestellt sein, was ihr im Bewußtsein erschaffen habt.

Ihr habt einen Anspruch auf das Recht, diese Wesenheiten, diese Außerirdischen zu verstehen. Denn wenn ihr zu lieben lernt, dann transzendiert das wahrlich alles und jedes. Jene wilde, bezaubernde, faszinierende, unermüdliche, in den Bann schlagende, bedingungslose Essenz genannt Liebe, ist imstande, sogar Außerirdische zusammenzuführen. Und der Keim der Liebe ist - im Bewußtsein - dessen Lebensblut.

Dadurch daß ihr lernt, euch selbst zu lieben und als Götter zu wachsen, ist euch das Recht gegeben, andere zu lieben, um euch mit dem gesamten Universum von Wesen, die euch sehr ähnlich sind, zum Einsatz zu bringen. Und das einzige, was euch je trennte, war eure Unwissenheit und euer Beharren auf Unwissenheit.

Es war nie wichtig, was ihr tatet, sondern das, was ihr wart und seid. Und niemand wird euch je so lieben, wie ihr euch selbst durch all die Schleier hindurch lieben werdet.

Infolge dieses Buches werdet ihr Brücken bauen. Wundervolle, spannende, abenteuerliche Brücken, denn ihr seid im Begriff einen Magnetismus zu erschaffen, der nicht einfach nur zum Horizont hinüberreicht, sondern bis jenseits der Sonne und des Nordsterns.

Wundervolle Dinge werden sich für euch ereignen, wenn eure Energie sich umschaltet.

Die Umschaltungen von Energie geschehen nicht, weil ihr eine "Vergangenheit" habt, weil ihr eure Historie mit euch herumtragt. Sie geschehen, wenn ihr über die Vergangenheit hinausschreitet <transzendiert> und ein durch und durch teilnehmendes, ganz und gar aktives *Jetzt*-Wesen werdet, wenn ihr also die Art von Energie ausstrahlt, die einem *Jetzt*-Ort, einem ewigwährenden Ort entstammt. Und solange diese Energie von euch ausströmt, seid ihr in der Ewigkeit, und als Folge davon geschehen wundervolle Dinge.

Krankheit verschwindet. Freude kommt in euer Leben. Blumen beginnen zu blühen. Bienen machen Honig.

Wenn ihr dieses Material innerlich vollständig umarmt habt, wird sich euer Leben verändern und sehr erfüllt werden. Ihr werdet nicht damit weitermachen, unter jedem Stein herumzugraben, um nach Wahrheit zu suchen. Denn ihr werdet verstehen, daß Wahrheit inwendig in euch ist. Und ihr werdet nicht mehr außerhalb von euch nach Glücklichsein suchen. Ihr werdet wissen, daß es inwendig in euch ist.

Ihr Frauen werdet nicht mehr nach jemandem liebäugeln, der für euch sorgen möge. Ihr werdet das Verstehen besitzen, daß wahre Sicherheit inwendig in euch ist.

Und ihr Männer werdet euch nicht mehr in der Rolle des Ernährers sehen. Ihr werdet es nicht mehr nötig haben, eure Stärke an den Tag zu legen, um eure Führerschaft bekanntzugeben, die jeder sehen soll, damit ihr eurem begrenzten Ego seine Streicheleinheiten geben könnt.

Statt dessen werdet ihr alle zu guter Letzt fähig sein zu sagen, daß Gott in euch ist. Und das ist das größte <grandioseste> Ego, das es gibt.

Und was ist das Vermächtnis aus dieser Reise nach Innen?

Freude, das bin ich glücklich sagen zu können, ist letztendlich euer Vermächtnis.

So sei es.

In der Tat Verlag, Sonnenbichl 12,
86971 Peiting, TEl./Fax: 08861/59018

Ramtha Bd.1
Dieser von der Kritik empfohlener Bestseller stellt die Eckpfeiler von Ramthas Lehren vor. Von Ramtha selbst wird es "Das grosse weiße Buch" genannt. Dieses Werk stellt für die in Unwissenheit und in ihrer Evolution feststeckende Menschheit ein Juwel von unschätzbarem Wert dar, denn es setzt für den Menschen und in ihm ein Wissen wieder frei, das dieser vor langer, langer Zeit vergessen hat. 3-9802507-2-5

Der Letzte Walzer Der Tyrannen Bd.2
Dieses Buch entlarvt die Geschichte und die Pläne der sogenannten Grauen Männer, der geheimen Familien und der Mittelsmänner der Macht, die die Börse dirigieren, denen das "Federal Reserve" System (Zentralbank), sowie der größte Teil der Geldversorgung der Welt gehört. Dieses Buch prüft auch, welchen Weg die Natur einschlagen wird; wobei das Leben, wie wir es kennen, offensichtlich am Rande der Katastrophe steht. Es ist aber ein Buch der Hoffnung, denn es wird kaum jemand widersprechen, daß elementare Veränderungen stattfinden müssen, die- so sagt Ramtha- in der Verherrlichung und Erleuchtung der Menschheit enden werden. 3-9802507-0-9

Ramtha Intensiv: Wendezeit- Die Künftigen Tage Bd.3
Der zweite Band der Intensivserie legt offen, wie die Menschheit bis heute ihre eigenen Umwelt zugerichtet hat. Das Buch stellt eine kompromißlose Schau auf die Natur dar, und auch darauf, wie sie sich erneuern wird. In diesen einmaligen Lehren drängt uns Ramtha, eine persönliche Eigenständigkeit aufzubauen, um physisch und psychisch jene dramatischen Veränderungen, die wir in der Gesellschaft und der Natur zu erwarten haben, zu überleben.
3-9802507-3-3

Ramtha Intensiv: Seelengefährten Bd.4
Der erste Band der Intensivserie ist eine Aufzeichnung des Seattle Intensivseminars vom 10.-12.Januar 1986. Es ist eine leidenschaftliche Lehre über die Wissenschaft von Seelengefährten, die Entwürdigung der männlich-weiblichen Beziehungsverhältnisse, die die Seelengefährten getrennt gehalten hat- und über die Wiedervereinigung der Seelengefährten durch die Macht der Liebe.
3-9802507-4-1

Ramtha: Eine Einführung - Ausgewählte Lehren Bd.5
Dieses vielschichtige Buch nimmt die Emotionen gefangen, fordert den Geist heraus, berührt die Herzen und eröffnet dem Leser die Großartigkeit des Lebens. Dieses Buch ist eigentlich mehr als eine Einführung, denn diese ausgezeichnete Buchausgabe führt uns das volle Spektrum von Ramthas Lehren vor. 3-9802507-6-8

UFOs und Beschaffenheit von Wirklichkeit Bd.6
Einblick in außerirdisches Bewußtsein und interdimensionalen Geist
Dieses Buch wird Ihre Betrachtungsweise dessen, was man Ihnen je erzählt hat, ändern. Sie haben ein Recht auf das Wissen über den großen Einfluß von Außerirdischen auf die Bibel, auf unsere Regierung und auf unser tägliches Leben. UFOs und die Beschaffenheit von Wirklichkeit ist eine Erörterung über lineare Zeit, Objektivität, interdimensionalen Geist, Superbewußtsein und über die Transfiguration von Materie. Es ist gleichfalls ein Buch über Hoffnung. Und Liebe. Und Gott.
3-9802507-8-4

Finanzielle Freiheit - Die Wahl Bd.7
Ein humorvoll verfaßtes und inspirierendes Buch. Ramtha erklärt, auf welche Weise unerfüllte Träume eine Begrenzung darstellen, sowohl für Wachstum und Entwicklung, wie auch letztendlich für Ihr finanzielles Wohlbefinden. Finanzielle Freiheit wird Ihnen dabei helfen, Ihre Träume zu erfüllen, und wird eine neue Dimension von Möglichkeiten und Wahlfreiheiten eröffnen, die den Leser auf seinem Weg zu persönlicher und finanzieller Freiheit in immer machtvolleren Stand versetzen werden.
3-9802507-9-2

Der Geschichtenerzähler Bd.8
"Der Geschichtenerzähler" ist eine Sammlung von über 30 Geschichten, die Ramtha über die Jahre hinweg erzählte.
Die Originalform von Ramthas Sprache wurde beibehalten.
Der erste Teil des Buches umfaßt Geschichten, die zu Ramthas Zeiten stattgefunden haben. Die andere sollen dem Leser bewußt machen, wer er ist und wie er lebt. Ramtha: "Geschichten waren das Mittel, tiefes Wissen zu offenbaren, oft in einfacher Ausdrucksweise. Diese Erzählungen waren die Schätze vieler Generationen... Sie sollen all denen als Lehre dienen, die neben den Erwartungen der Gesellschaft noch andere Werte im Leben suchen....."
ISBN 3-9802507-1-7 über 300 Seiten mit zahlreichen Zeichnungen

Werden Bd.9
Jede Seite enthält einzelne Gedanken oder Gedankenkomplexe über die Schönheit, Würdigkeit und Macht des menschlichen Geistes. Es soll uns lehren, bedingungslos zu lieben und den "Vater" in uns zu finden. 3-89539-058-5

Manifestieren Bd.10
Dieses Buch ist ebenso gestaltet wie das Buch "Werden". Es zeigt uns, wie man Mangel in Fülle umwandelt und die Vergangenheit und Zukunft mit dem Jetzt in Einklang bringt, um das zu kreieren, was wir möchten.
Dieses Buch enthält Techniken, Übungen und Informationen, die uns helfen, zu manifestieren. Ramtha: "Diese Bücher sollen uns nicht nur das Wissen vom "Werden" und "Manifestieren" aufzeigen, sondern auch, wer wir sein können und wer wir bisher waren." 3-89539-059-3

Die alte Schule der Weisheit Bd.11
"Vielleicht das wichtigste Werk von Ramtha - auf jeden Fall das aktuellste."
*Ziel und Aufgabe alter Weisheitsschulen
*Voraussetzungen zum Zugang
*Gibt es überhaupt heute noch Weisheitsschulen?

Ein wichtiges und spannendes Buch.

Weitere Titel:
Die Götter von Eden
von William Bramley
Eine außergewöhnliche Reise durch die Geschichte von den Anfängen der Menschheit bis zu den Schlagzeilen von heute. Begleiten Sie den Autor, wenn er das Problem des Krieges und des menschlichen Leids erforscht und entdecken Sie einen bemerkenswerten Zusammenhang mit dem jahrhundertealten UFO-Phänomen. Dieses Buch ist das Ergebnis siebenjähriger intensiver Recherchen und eines der wissenschaftlichsten und umfassendsten seiner Art. Sorgfältig belegt und illustriert vermitteln "Die Götter von Eden" zahlreiche erstaunlich neue Informationen über UFOs und ihren überraschenden Einfluß auf unsere Welt. Das ist die Geschichte von ihrer spannensten und widersprüchlichsten Seite. Wenn Sie etwas für provozierende neue Ideen übrig haben, müssen Sie "Die Götter von Eden" einfach lesen.
Nicht nur begeisterte LeserInnen, jetzt auch das "Magazin 2000" in ihrer Neusten Ausgabe, erklärten dieses Werk zum: **"Buch des Jahres 1993"**
3-9802507-7-6

RAMTHA INTENSIV:
WENDEZEIT -
DIE KÜNFTIGEN TAGE

Der erste Band der Intensiveserie legt offen, wie die Menschheit bis heute ihre Umwelt zugerichtet hat. Das Buch stellt eine kompromißlose Schau auf die Natur und auch darauf dar, wie sie sich erneuern wird. In diesen Heinmaligen Lehren drängt uns Ramtha, eine persönliche Eigenständigkeit aufzubauen, um physisch und psychisch jene dramatischen Veränderungen, die wir in der Gesellschaft und der Natur zu erwarten haben, zu überleben.

Preis: 24,00 DM

ISBN 3-89539-052-6

MVV In der Tat Verlag 86971 Peiting Sonnenbichl, 12
Tel.: (08861) 59018 Fax.: (08861) 67091

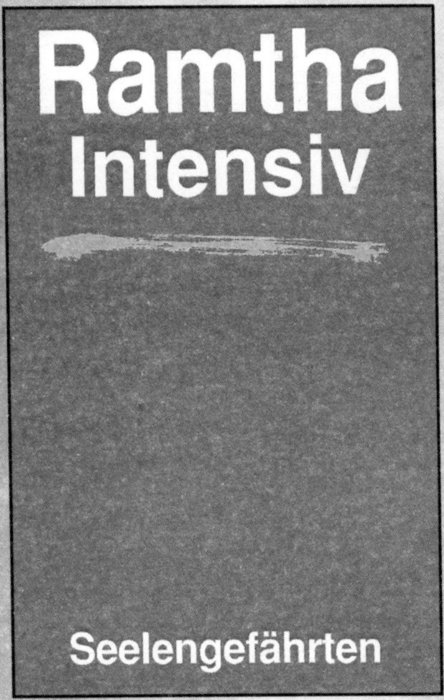
Ramtha
Intensiv
Seelengefährten

DER GESCHICHTEN-ERZÄHLER

“Der Geschichtenerzähler” ist eine Sammlung von über 30 Geschichten, die Ramtha über die Jahre hinweg erzählte.
Die Originalform von Ramthas Sprache wurde beibehalten.
Der erste Teil des Buches umfaßt Geschichten, die zu Ramthas Zeiten stattgefunden haben. Die anderen sollen dem Leser bewußt machen, wer er ist und wie er lebt. Ramtha: "Geschichten waren das Mittel, tiefes Wissen zu offenbaren, oft in einfacher Ausdrucksweise. Diese Erzählungen waren die Schätze vieler Generationen... Sie sollen all denen als Lehre dienen, die neben den Erwartungen der Gesellschaft noch andere Werte im Leben suchen..."

Preis: 32,00 DM

ISBN 3-89539-057-7

MVV In der Tat Verlag 86971 Peiting Sonnenbichl, 12
Tel.: (08861) 59018 Fax.: (08861) 67091